FREMDSPRACHENTEXTE

Federico García Lorca
La casa de Bernarda Alba

Drama de mujeres
en los pueblos de España

Herausgegeben von
Michael Völpel

Philipp Reclam jun. Stuttgart

Diese Ausgabe darf nur in der Bundesrepublik Deutschland, in Österreich und in der Schweiz vertrieben werden.

RECLAMS UNIVERSAL-BIBLIOTHEK Nr. 9129
Alle Rechte vorbehalten
© 2004 Philipp Reclam jun. GmbH & Co., Stuttgart
Umschlagabbildung: Haus mit Torbogen und Mond.
Federzeichnung von Federico García Lorca, um 1935.
Gesamtherstellung: Reclam, Ditzingen. Printed in Germany 2008
RECLAM, UNIVERSAL-BIBLIOTHEK und RECLAMS
UNIVERSAL-BIBLIOTHEK sind eingetragene Marken
der Philipp Reclam jun. GmbH & Co., Stuttgart
ISBN 978-3-15-009129-6

www.reclam.de

La casa de Bernarda Alba

Personajes

BERNARDA, *60 años*
MARÍA JOSEFA, *madre de Bernarda, 80 años*
ANGUSTIAS, *hija de Bernarda, 39 años*
MAGDALENA, *hija de Bernarda, 30 años*
AMELIA, *hija de Bernarda, 27 años*
MARTIRIO, *hija de Bernarda, 24 años*
ADELA, *hija de Bernarda, 20 años*
LA PONCIA, *criada, 60 años*
CRIADA, *50 años*
PRUDENCIA, *50 años*
MENDIGA
MUJER 1ª
MUJER 2ª
MUJER 3ª
MUJER 4ª
MUCHACHA
MUJERES DE LUTO

El poeta advierte que estos tres actos tienen la intención de un documental fotográfico.

Acto primero

Habitación blanquísima del interior de la casa de Bernarda. Muros gruesos. Puertas en arco con cortinas de yute rematadas con madroños y volantes. Sillas de anea. Cuadros con paisajes inverosímiles de ninfas o reyes de leyenda. Es verano. Un gran silencio umbroso se extiende por la escena. Al levantarse el telón está la escena sola. Se oyen doblar las campanas. Sale la criada.

CRIADA. Ya tengo el doble de esas campanas metido entre las sienes.

LA PONCIA *(sale comiendo chorizo y pan)*. Llevan ya más de dos horas de gori-gori. Han venido curas de todos los pueblos. La iglesia está hermosa. En el primer responso se desmayó la Magdalena.

CRIADA. Es la que se queda más sola.

LA PONCIA. Era la única que quería al padre. ¡Ay! ¡Gracias a Dios que estamos solas un poquito! Yo he venido a comer.

CRIADA. ¡Si te viera Bernarda!...

LA PONCIA. ¡Quisiera que ahora como no come ella, que todas nos muriéramos de hambre! ¡Mandona! ¡Dominanta! ¡Pero se fastidia! Le he abierto la orza de los chorizos.

CRIADA (*con tristeza, ansiosa*). ¿Por qué no me das para mi niña, Poncia?

LA PONCIA. Entra y llévate también un puñado de garbanzos. ¡Hoy no se dará cuenta!

VOZ (*dentro*). ¡Bernarda!

LA PONCIA. La vieja. ¿Está bien cerrada?

CRIADA. Con dos vueltas de llave.

LA PONCIA. Pero debes poner también la tranca. Tiene unos dedos como cinco ganzúas.

VOZ. ¡Bernarda!

LA PONCIA (*a voces*). ¡Ya viene! (*A la criada.*) Limpia bien todo. Si Bernarda no ve relucientes las cosas me arrancará los pocos pelos que me quedan.

---

2 **el responso:** Gebet für einen Verstorbenen.
 desmayarse: ohnmächtig werden.
10 **la dominanta:** herrschsüchtiges Weib.
 la orza: Steintopf.
12 **ansioso/a:** sehnsüchtig, begierig.
14 **el puñado:** eine Hand voll.
19 **la tranca:** Sperrbalken.
20 **la ganzúa:** Dietrich, Nachschlüssel.
23 **reluciente:** glänzend.

Acto primero

CRIADA. ¡Qué mujer!
LA PONCIA. Tirana de todos los que la rodean. Es capaz de sentarse encima de tu corazón y ver cómo te mueres durante un año sin que se le cierre esa sonrisa fría que lleva en su maldita cara. ¡Limpia, limpia ese vidriado!
CRIADA. Sangre en las manos tengo de fregarlo todo.
LA PONCIA. Ella, la más aseada; ella, la más decente; ella, la más alta. ¡Buen descanso ganó su pobre marido!

(Cesan las campanas.)

CRIADA. ¿Han venido todos sus parientes?
LA PONCIA. Los de ella. La gente de él la odia. Vinieron a verlo muerto y le hicieron la cruz.
CRIADA. ¿Hay bastantes sillas?
LA PONCIA. Sobran. Que se sienten en el suelo. Desde que murió el padre de Bernarda no han vuelto a entrar las gentes bajo estos techos. Ella no quiere que la vean en su dominio. ¡Maldita sea!
CRIADA. Contigo se portó bien.
LA PONCIA. Treinta años lavando sus sábanas; treinta años comiendo sus sobras; noches en vela cuando

---

2 **la tirana:** Tyrannin.
rodear: umgeben, umringen.
6 **el vidriado:** glasiertes Geschirr.
8 **aseado/a:** sauber, reinlich.
decente: anständig, ehrbar.
11 **cesar:** aufhören.
19 **maldito/a:** verdammt, verflucht.
21 **la sábana:** Betttuch, Laken.
22 **las sobras:** Reste.
la noche en vela: durchwachte Nacht.

tose; días enteros mirando por la rendija para espiar a los vecinos y llevarle el cuento; vida sin secretos una con otra, y sin embargo, ¡maldita sea! ¡Mal dolor de clavo le pinche en los ojos!

CRIADA. ¡Mujer!

LA PONCIA. Pero yo soy buena perra; ladro cuando me lo dicen y muerdo los talones de los que piden limosna cuando ella me azuza; mis hijos trabajan en sus tierras y ya están los dos casados, pero un día me hartaré.

CRIADA. Y ese día …

LA PONCIA. Ese día me encerraré con ella en un cuarto y le estaré escupiendo un año entero «Bernarda, por esto, por aquello, por lo otro», hasta ponerla como un lagarto machacado por los niños, que es lo que es ella y toda su parentela. Claro es que no le envidio la vida. La quedan cinco mujeres, cinco hijas feas, que quitando Angustias, la mayor, que es la hija del primer marido y tiene dineros, las demás, mucha puntilla bordada, muchas camisas de hilo, pero pan y uvas por toda herencia.

---

1 **la rendija:** Mauerspalt, Ritze.
8 **azuzar:** antreiben, aufhetzen.
10 **hartarse:** etwas satt haben.
13 **escupir:** spucken.
15 **el lagarto:** Echse, große Eidechse.
   machacar: zerquetschen, zertreten.
17 **la quedan:** sog. Laísmo (dativische Verwendung von *la/las*): *le quedan*.
18 **quitando:** ausgenommen.
20 **la puntilla bordada:** Spitzenstickereien (*bordar:* [be]sticken).
   la camisa de hilo: Leinenhemd (*el hilo:* Faden, Garn).

CRIADA. ¡Ya quisiera tener yo lo que ellas!

LA PONCIA. Nosotras tenemos nuestras manos y un hoyo en la tierra de la verdad.

CRIADA. Esa es la única tierra que nos dejan a las que no tenemos nada.

LA PONCIA *(en la alacena)*. Este cristal tiene unas motas.

CRIADA. Ni con jabón ni con bayeta se le quitan.

(Suenan las campanas.)

LA PONCIA. El último responso. Me voy a oírlo. A mí me gusta mucho cómo canta el párroco. En el «Pater Noster» subió, subió la voz que parecía un cántaro de agua llenándose poco a poco; claro es que al final dio un gallo; pero da gloria oírlo. Ahora que nadie como el antiguo sacristán Tronchapinos. En la misa de mi madre, que esté en gloria, cantó. Retumbaban las paredes, y cuando decía Amén era como si un lobo hubiese entrado en la iglesia. *(Imitándolo.)* ¡Améé-én! *(Se echa a toser.)*

CRIADA. Te vas a hacer el gaznate polvo.

LA PONCIA. ¡Otra cosa hacía polvo yo! *(Sale riendo.)*

(La criada limpia. Suenan las campanas.)

---

3 **el hoyo:** Grube.
6 **la alacena:** Wandschrank.
6f. **la mota:** Knötchen; hier: Fleck.
8 **la bayeta:** Scheuerlappen.
11 **el párroco:** Pfarrer.
12f. **el cántaro:** Krug.
14 **el gallo:** hier: falscher Ton.
15 **Tronchapinos:** wegen seiner Stimme bekannter Priester aus Granada.
16f. **retumbar:** dröhnen.
20 **hacerse el gaznate polvo** (fam.): sich die Kehle ruinieren (*hacer polvo*, fam.: kaputtmachen).

CRIADA *(llevando el canto).* Tin, tin, tan. Tin, tin, tan. ¡Dios lo haya perdonado!

MENDIGA *(con una niña).* ¡Alabado sea Dios!

CRIADA. Tin, tin, tan. ¡Que nos espere muchos años! Tin, tin, tan.

MENDIGA *(fuerte y con cierta irritación).* ¡Alabado sea Dios!

CRIADA *(irritada).* ¡Por siempre!

MENDIGA. Vengo por las sobras.

(Cesan las campanas.)

CRIADA. Por la puerta se va a la calle. Las sobras de hoy son para mí.

MENDIGA. Mujer, tú tienes quien te gane. ¡Mi niña y yo estamos solas!

CRIADA. También están solos los perros y viven.

MENDIGA. Siempre me las dan.

CRIADA. Fuera de aquí. ¿Quién os dijo que entraseis? Ya me habéis dejado los pies señalados. *(Se van. Limpia.)* Suelos barnizados con aceite, alacenas, pedestales, camas de acero, para que traguemos quina las que vivimos en las chozas de tierra con un plato y una cuchara. Ojalá que un día no quedáramos ni uno para contarlo.

(Vuelven a sonar las campanas.)

Sí, sí, ¡vengan clamores! ¡Venga caja con filos dora-

---

19 **barnizar con aceite:** einölen, einlassen.
20 **el pedestal:** Sockel.
20f. **tragar quina** (fig.): die bittere Pille schlucken (*la quina:* Chinarinde).
21 **la choza:** Hütte.
25 **el clamor:** Totengeläut.
  la caja: Kiste; hier (fig.): Sarg.
  el filo: Schneide; hier: Kante.

Acto primero

dos y toalla para llevarla! ¡Que lo mismo estarás tú que estaré yo! Fastídiate, Antonio María Benavides, tieso con tu traje de paño y tus botas enterizas. ¡Fastídiate! ¡Ya no volverás a levantarme las enaguas detrás de la puerta de tu corral!
(Por el fondo, de dos en dos, empiezan a entrar mujeres de luto, con pañuelos grandes, faldas y abanicos negros. Entran lentamente hasta llenar la escena. La criada, rompiendo a gritar.)
¡Ay Antonio María Benavides, que ya no verás estas paredes ni comerás el pan de esta casa! Yo fui la que más te quiso de las que te sirvieron. *(Tirándose del cabello.)* ¿Y he de vivir yo después de haberte marchado? ¿Y he de vivir?
(Terminan de entrar las doscientas mujeres y aparece Bernarda y sus cinco hijas.)
BERNARDA *(a la criada).* ¡Silencio!
CRIADA *(llorando).* ¡Bernarda!
BERNARDA. Menos gritos y más obras. Debías haber procurado que todo esto estuviera más limpio para recibir al duelo. Vete. No es este tu lugar.
(La criada se va llorando.)
Los pobres son como los animales; parece como si estuvieran hechos de otras sustancias.
MUJER 1ª. Los pobres sienten también sus penas.

2f. **Antonio María Benavides:** offensichtlich Bernardas verstorbener Mann (Namensnennungen sind ein typisches Merkmal volkstümlicher Dichtung).
3 **tieso/a:** steif, starr.
4f. **las enaguas:** (Frauen-)Unterrock.
7f. **el abanico:** Fächer.
21 **el duelo:** Trauer; hier: Trauergesellschaft.

BERNARDA. Pero las olvidan delante de un plato de garbanzos.

MUCHACHA *(con timidez)*. Comer es necesario para vivir.

BERNARDA. A tu edad no se habla delante de las personas mayores.

MUJER 1ª. Niña, cállate.

BERNARDA. No he dejado que nadie me dé lecciones. Sentarse.

(Se sientan. Pausa. Fuerte.)

Magdalena, no llores; si quieres llorar te metes debajo de la cama. ¿Me has oído?

MUJER 2ª *(a Bernarda)*. ¿Habéis empezado los trabajos en la era?

BERNARDA. Ayer.

MUJER 3ª. Cae el sol como plomo.

MUJER 1ª. Hace años no he conocido calor igual.

(Pausa. Se abanican todas.)

BERNARDA. ¿Está hecha la limonada?

LA PONCIA. Sí, Bernarda. *(Sale con una gran bandeja llena de jarritas blancas, que distribuye.)*

BERNARDA. Dale a los hombres.

LA PONCIA. Ya están tomando en el patio.

BERNARDA. Que salgan por donde han entrado. No quiero que pasen por aquí.

MUCHACHA *(a Angustias)*. Pepe el Romano estaba con los hombres del duelo.

ANGUSTIAS. Allí estaba.

---

14 **la era:** Tenne.
26 **Pepe el Romano:** geht zurück auf Pepe de Romilla (nach Romilla la Nueva, einem Dorf ca. 12 km südlich von Valderrubio).

BERNARDA. Estaba su madre. Ella ha visto a su madre.
A Pepe no lo ha visto ella ni yo.

MUCHACHA. Me pareció …

BERNARDA. Quien sí estaba era el viudo de Darajalí.
Muy cerca de tu tía. A ese lo vimos todas.

MUJER 2ª *(aparte, en voz baja)*. ¡Mala, más que mala!

MUJER 3ª *(lo mismo)*. ¡Lengua de cuchillo!

BERNARDA. Las mujeres en la iglesia no deben de mirar
más hombre que al oficiante, y ese porque tiene faldas. Volver la cabeza es buscar el calor de la pana.

MUJER 1ª *(en voz baja)*. ¡Vieja lagarta recocida!

LA PONCIA *(entre dientes)*. ¡Sarmentosa por calentura
de varón!

BERNARDA. ¡Alabado sea Dios!

TODAS *(santiguándose)*. Sea por siempre bendito y alabado.

BERNARDA.
¡Descansa en paz con la santa
compaña de cabecera!

TODAS.
¡Descansa en paz!

---

4 **Darajalí:** Ort in der Nähe von Lorcas Geburtsort Fuente Vaqueros.
9 **el oficiante:** Priester.
10 **la pana:** Cord(samt).
11 **la lagarta recocida** (fig.): etwa: ausgekochtes Luder (*la lagarta:* Eidechse; *recocer:* lange kochen, auskochen).
12 **sarmentoso/a por:** hier (fig.): unablässig verfolgt von, besessen von (*sarmentoso/a:* berankt).
12f. **la calentura de varón:** etwa: Männerhitze, Geilheit (*el varón:* Junge, Mann).
18f. **la santa compaña:** hier: die Klageweiber (*la compaña,* fam.: *la compañía*).
19 **la cabecera:** Kopfende des Bettes, hier: des Sarges.

BERNARDA.
> Con el ángel San Miguel
> y su espada justiciera.

TODAS.
> ¡Descansa en paz!

BERNARDA.
> Con la llave que todo lo abre
> y la mano que todo lo cierra.

TODAS.
> ¡Descansa en paz!

BERNARDA.
> Con los bienaventurados
> y las lucecitas del campo.

TODAS.
> ¡Descansa en paz!

BERNARDA.
> Con nuestra santa caridad
> y las almas de tierra y mar.

TODAS.
> ¡Descansa en paz!

BERNARDA. Concede el reposo a tu siervo Antonio María Benavides y dale la corona de tu santa gloria.

TODAS. Amén.

BERNARDA *(se pone en pie y canta)*. «Requiem aeternam donat eis Domine.»

TODAS *(de pie y cantando al modo gregoriano)*. «Et lux perpetua luceat eis.» *(Se santiguan.)*

---

12 **el bienaventurado:** Seliger.
21 **conceder:** gewähren.
   el reposo: Ruhe.
   el siervo (rel.): Diener (des Herrn).
27 **santiguarse:** sich bekreuzigen.

Acto primero 15

MUJER 1ª. Salud para rogar por su alma. *(Van desfilando.)*
MUJER 3ª. No te faltará la hogaza de pan caliente.
MUJER 2ª. Ni el techo para tus hijas. *(Van desfilando todas por delante de Bernarda y saliendo.)*
(Sale Angustias por otra puerta que da al patio.)
MUJER 4ª. El mismo trigo de tu casamiento lo sigas disfrutando.
LA PONCIA *(entrando con una bolsa)*. De parte de los hombres esta bolsa de dineros para responsos.
BERNARDA. Dales las gracias y échales una copa de aguardiente.
MUCHACHA *(a Magdalena)*. Magdalena …
BERNARDA *(a Magdalena, que inicia el llanto)*. Chiss. *(Salen todas. A las que se han ido.)*
¡Andar a vuestras casas a criticar todo lo que habéis visto! ¡Ojalá tardéis muchos años en pasar el arco de mi puerta!
LA PONCIA. No tendrás queja ninguna. Ha venido todo el pueblo.
BERNARDA. Sí; para llenar mi casa con el sudor de sus refajos y el veneno de sus lenguas.
AMELIA. ¡Madre, no hable usted así!
BERNARDA. Es así como se tiene que hablar en este maldito pueblo sin río, pueblo de pozos, donde siempre se bebe el agua con el miedo de que esté envenenada.

1 f. **desfilar:** allmählich aufbrechen, vorüberziehen.
3 **la hogaza:** Laib.
12 **el aguardiente:** Schnaps.
21 **el sudor:** Schweiß.
22 **los refajos:** Röcke (Bauerntracht).

LA PONCIA. ¡Cómo han puesto la solería!

BERNARDA. Igual que si hubiese pasado por ella una manada de cabras.

(La Poncia limpia el suelo.)

Niña, dame el abanico.

ADELA. Tome usted. *(Le da un abanico redondo con flores rojas y verdes.)*

BERNARDA *(arrojando el abanico al suelo).* ¿Es este el abanico que se da a una viuda? Dame uno negro y aprende a respetar el luto de tu padre.

MARTIRIO. Tome usted el mío.

BERNARDA. ¿Y tú?

MARTIRIO. Yo no tengo calor.

BERNARDA. Pues busca otro, que te hará falta. En ocho años que dure el luto no ha de entrar en esta casa el viento de la calle. Hacemos cuenta que hemos tapiado con ladrillos puertas y ventanas. Así pasó en casa de mi padre y en casa de mi abuelo. Mientras, podéis empezar a bordar el ajuar. En el arca tengo veinte piezas de hilo con el que podréis cortar sábanas y embozos. Magdalena puede bordarlas.

MAGDALENA. Lo mismo me da.

ADELA *(agria).* Si no quieres bordarlas, irán sin bordados. Así las tuyas lucirán más.

MAGDALENA. Ni las mías ni las vuestras. Sé que yo no me voy a casar. Prefiero llevar sacos al molino.

---

1 **la solería:** Fußboden, Bodenbelag.
3 **la manada:** Herde.
16f. **tapiar:** zumauern.
19 **el ajuar:** Aussteuer.
 el arca (f.): Truhe (Symbol für Reichtum).
21 **el embozo:** Art Bettbezug.

Todo menos estar sentada días y días dentro de esta sala oscura.

BERNARDA. Eso tiene ser mujer.

MAGDALENA. Malditas sean las mujeres.

BERNARDA. Aquí se hace lo que yo mando. Ya no puedes ir con el cuento a tu padre. Hilo y aguja para las hembras. Látigo y mula para el varón. Eso tiene la gente que nace con posibles.

(Sale Adela.)

VOZ. ¡Bernarda! ¡Déjame salir!

BERNARDA *(en voz alta)*. ¡Dejadla ya!

(Sale la criada.)

CRIADA. Me ha costado mucho sujetarla. A pesar de sus ochenta años, tu madre es fuerte como un roble.

BERNARDA. Tiene a quién parecerse. Mi abuelo fue igual.

CRIADA. Tuve durante el duelo que taparle varias veces la boca con un costal vacío porque quería llamarte para que le dieras agua de fregar siquiera para beber, y carne de perro, que es lo que ella dice que tú le das.

MARTIRIO. ¡Tiene mala intención!

BERNARDA *(a la criada)*. Dejadla que se desahogue en el patio.

---

7 **el látigo:** Peitsche.
8 **los posibles:** Vermögen; Reichtum.
13 **sujetar:** festhalten.
14f. **el roble:** Eiche.
19 **el costal:** Sack (Mehl/Getreide).
20 **el agua de fregar:** Spül-, Waschwasser.
24 **desahogarse:** sich erholen, sich abreagieren.

CRIADA. Ha sacado del cofre sus anillos y los pendientes de amatista; se los ha puesto, y me ha dicho que se quiere casar.
(*Las hijas ríen.*)
BERNARDA. Ve con ella y ten cuidado que no se acerque al pozo.
CRIADA. No tengas miedo que se tire.
BERNARDA. No es por eso ... Pero desde aquel sitio las vecinas pueden verla desde su ventana.
(*Sale la criada.*)
MARTIRIO. Nos vamos a cambiar de ropa.
BERNARDA. Sí, pero no el pañuelo de la cabeza.
(*Entra Adela.*)
¿Y Angustias?
ADELA (*con intención*). La he visto asomada a las rendijas del portón. Los hombres se acaban de ir.
BERNARDA. ¿Y tú a qué fuiste también al ir?
ADELA. Me llegué a ver si habían puesto las gallinas.
BERNARDA. ¡Pero el duelo de los hombres habría salido ya!
ADELA (*con intención*). Todavía estaba un grupo parado por fuera.
BERNARDA (*furiosa*). ¡Angustias! ¡Angustias!
ANGUSTIAS (*entrando*). ¿Qué manda usted?
BERNARDA. ¿Qué mirabas y a quién?

---

1 **el cofre:** Truhe.
1f. **el pendiente:** Ohrring.
2 **la amatista:** Amethyst (violette bis purpurrote Schmucksteinvarietät des Quarzes).
15 **asomar:** sehen lassen, zeigen.
16 **el portón:** Hoftür.

ANGUSTIAS. A nadie.
BERNARDA. ¿Es decente que una mujer de tu clase vaya con el anzuelo detrás de un hombre el día de la misa de su padre? ¡Contesta! ¿A quién mirabas?
(Pausa.)
ANGUSTIAS. Yo ...
BERNARDA. ¡Tú!
ANGUSTIAS. ¡A nadie!
BERNARDA *(avanzando y golpeándola)*. ¡Suave! ¡Dulzarrona!
LA PONCIA *(corriendo)*. ¡Bernarda, cálmate! *(La sujeta.)*
(Angustias llora.)
BERNARDA. ¡Fuera de aquí todas!
(Salen.)
LA PONCIA. Ella lo ha hecho sin dar alcance a lo que hacía, que está francamente mal. Ya me chocó a mí verla escabullirse hacia el patio. Luego estuvo detrás de una ventana oyendo la conversación que traían los hombres, que, como siempre, no se puede oír.
BERNARDA. A eso vienen a los duelos. *(Con curiosidad.)* ¿De qué hablaban?
LA PONCIA. Hablaban de Paca la Roseta. Anoche ata-

---

3 **ir con el anzuelo** (fig.): die Angel auswerfen; hier: sich einen Mann angeln (*el anzuelo:* Angelhaken).
10 **la suave:** hier: Leisetreterin (*suave:* glatt, geschmeidig).
10f. **la dulzarrona:** Zuckersüße.
16 **sin dar alcance:** ohne sich der Tragweite bewusst zu sein (*el alcance:* Tragweite, Bedeutung).
18 **escabullirse:** sich wegschleichen.

ron a su marido a un pesebre y a ella se la llevaron en la grupa del caballo hasta lo alto del olivar.

BERNARDA. ¿Y ella?

LA PONCIA. Ella, tan conforme. Dicen que iba con los pechos fuera y Maximiliano la llevaba cogida como si tocara la guitarra. ¡Un horror!

BERNARDA. ¿Y qué pasó?

LA PONCIA. Lo que tenía que pasar. Volvieron casi de día. Paca la Roseta traía el pelo suelto y una corona de flores en la cabeza.

BERNARDA. Es la única mujer mala que tenemos en el pueblo.

LA PONCIA. Porque no es de aquí. Es de muy lejos. Y los que fueron con ella son también hijos de forasteros. Los hombres de aquí no son capaces de eso.

BERNARDA. No; pero les gusta verlo y comentarlo y se chupan los dedos de que esto ocurra.

LA PONCIA. Contaban muchas cosas más.

BERNARDA (*mirando a un lado y otro con cierto temor*). ¿Cuáles?

LA PONCIA. Me da vergüenza referirlas.

BERNARDA. ¿Y mi hija las oyó?

LA PONCIA. ¡Claro!

BERNARDA. Esa sale a sus tías; blancas y untuosas y que ponían los ojos de carnero al piropo de cual-

---

1 **el pesebre:** Krippe, Heuraufe.
2 **la grupa:** Kruppe (Teil des Rückens beim Pferd und Rind).
  el olivar: Olivenhain.
24 **salir a alg.:** nach jdm. gehen, jdm. ähneln.
  untuoso/a: schmierig, schlüpfrig.
25 **los ojos de carnero** (fam.): Unschuldsblick (*el carnero:* Hammel).
  el piropo: Granat, Karfunkel; hier (fig.): Schmeichelei, Kompliment.

quier barberillo. ¡Cuánto hay que sufrir y luchar para hacer que las personas sean decentes y no tiren al monte demasiado!

LA PONCIA. ¡Es que tus hijas están ya en edad de merecer! Demasiado poca guerra te dan. Angustias ya debe tener mucho más de los treinta.

BERNARDA. Treinta y nueve justos.

LA PONCIA. Figúrate. Y no ha tenido nunca novio ...

BERNARDA *(furiosa).* ¡No ha tenido novio ninguna ni les hace falta! Pueden pasarse muy bien.

LA PONCIA. No he querido ofenderte.

BERNARDA. No hay en cien leguas a la redonda quien se pueda acercar a ellas. Los hombres de aquí no son de su clase. ¿Es que quieres que las entregue a cualquier gañán?

LA PONCIA. Debías haberte ido a otro pueblo.

BERNARDA. Eso. ¡A venderlas!

LA PONCIA. No, Bernarda, a cambiar ... Claro que en otros sitios ellas resultan las pobres.

BERNARDA. ¡Calla esa lengua atormentadora!

LA PONCIA. Contigo no se puede hablar. ¿Tenemos o no tenemos confianza?

BERNARDA. No tenemos. Me sirves y te pago. ¡Nada más!

---

1 **el barberillo:** hier (fig.): Schmeichler.
2 f. **tirar al monte:** sich zum Berg, zur Wildnis hingezogen fühlen; hier (fig.): wild, ungezähmt sein.
12 **la legua:** (spanische) Meile (5,5727 km).
   a la redonda: im Umkreis.
15 **el gañán:** (Bauern-)Knecht.
20 **atormentador, -a:** peinigend, quälend.

CRIADA *(entrando).* Ahí está don Arturo, que viene a arreglar las particiones.
BERNARDA. Vamos. *(A la criada.)* Tú empieza a blanquear el patio. *(A La Poncia.)* Y tú ve guardando en el arca grande toda la ropa del muerto.
LA PONCIA. Algunas cosas las podíamos dar.
BERNARDA. Nada, ¡ni un botón! Ni el pañuelo con que le hemos tapado la cara. *(Sale lentamente y al salir vuelve la cabeza y mira a sus criadas.)*
(Las criadas salen después. Entran Amelia y Martirio.)
AMELIA. ¿Has tomado la medicina?
MARTIRIO. ¡Para lo que me va a servir!
AMELIA. Pero la has tomado.
MARTIRIO. Yo hago las cosas sin fe, pero como un reloj.
AMELIA. Desde que vino el médico nuevo estás más animada.
MARTIRIO. Yo me siento lo mismo.
AMELIA. ¿Te fijaste? Adelaida no estuvo en el duelo.
MARTIRIO. Ya lo sabía. Su novio no la deja salir ni al tranco de la calle. Antes era alegre; ahora ni polvos se echa en la cara.
AMELIA. Ya no sabe una si es mejor tener novio o no.
MARTIRIO. Es lo mismo.
AMELIA. De todo tiene la culpa esta crítica que no nos deja vivir. Adelaida habrá pasado mal rato.
MARTIRIO. Le tiene miedo a nuestra madre. Es la única

---

2 **la partición:** Erbteilung.
3f. **blanquear:** weiß machen; hier (fig.): putzen.
20f. **el tranco:** großer Schritt; hier: Türschwelle.
21 **el polvo:** hier: Puder.

que conoce la historia de su padre y el origen de
sus tierras. Siempre que viene le tira puñaladas en
el asunto. Su padre mató en Cuba al marido de su
primera mujer para casarse con ella. Luego aquí la
abandonó y se fue con otra que tenía una hija y
luego tuvo relaciones con esta muchacha, la madre
de Adelaida, y se casó con ella después de haber
muerto loca la segunda mujer.

AMELIA. Y ese infame, ¿por qué no está en la cárcel?

MARTIRIO. Porque los hombres se tapan unos a otros
las cosas de esta índole y nadie es capaz de delatar.

AMELIA. Pero Adelaida no tiene culpa de esto.

MARTIRIO. No. Pero las cosas se repiten. Y veo que
todo es una terrible repetición. Y ella tiene el mismo sino de su madre y de su abuela, mujeres las
dos del que la engendró.

AMELIA. ¡Qué cosa más grande!

MARTIRIO. Es preferible no ver a un hombre nunca.
Desde niña les tuve miedo. Los veía en el corral
uncir los bueyes y levantar los costales de trigo entre voces y zapatazos y siempre tuve miedo de crecer por temor de encontrarme de pronto abrazada
por ellos. Dios me ha hecho débil y fea y los ha
apartado definitivamente de mí.

---

2 **tirar puñaladas:** etwa: in etwas herumstochern (*la puñalada:* Dolchstoß).
9 **el infame:** etwa: ehrloser, niederträchtiger Schuft.
10 **tapar:** zudecken; hier: verbergen, vertuschen.
11 **de esta índole:** derartig.
   delatar: anzeigen, denunzieren.
16 **engendrar:** zeugen.
20 **uncir:** anschirren.

AMELIA. ¡Eso no digas! Enrique Humanas estuvo detrás de ti y le gustabas.

MARTIRIO. ¡Invenciones de la gente! Una vez estuve en camisa detrás de la ventana hasta que fue de día porque me avisó con la hija de su gañán que iba a venir y no vino. Fue todo cosa de lenguas. Luego se casó con otra que tenía más que yo.

AMELIA. ¡Y fea como un demonio!

MARTIRIO. ¡Qué les importa a ellos la fealdad! A ellos les importa la tierra, las yuntas, y una perra sumisa que les dé de comer.

AMELIA. ¡Ay!

(Entra Magdalena.)

MAGDALENA. ¿Qué hacéis?

MARTIRIO. Aquí.

AMELIA. ¿Y tú?

MAGDALENA. Vengo de correr las cámaras. Por andar un poco. De ver los cuadros bordados de cañamazo de nuestra abuela, el perrito de lanas y el negro luchando con el león, que tanto nos gustaba de niñas. Aquella era una época más alegre. Una boda duraba diez días y no se usaban las malas lenguas. Hoy hay más finura, las novias se ponen de velo blanco como en las poblaciones y se bebe vino de botella, pero nos pudrimos por el qué dirán.

MARTIRIO. ¡Sabe Dios lo que entonces pasaría!

---

10 **la yunta:** Gespann.
   sumiso/a: unterwürfig.
18f. **el cañamazo:** (Hanf-)Leinwand.
23 **la finura:** Feinheit.
25 **podrirse por algo:** für etwas sterben, vergehen.

AMELIA *(a Magdalena).* Llevas desabrochados los cordones de un zapato.

MAGDALENA. ¡Qué más da!

AMELIA. Te los vas a pisar y te vas a caer.

MAGDALENA. ¡Una menos!

MARTIRIO. ¿Y Adela?

MAGDALENA. ¡Ah! Se ha puesto el traje verde que se hizo para estrenar el día de su cumpleaños, se ha ido al corral, y ha comenzado a voces: «¡Gallinas! ¡Gallinas, miradme!» ¡Me he tenido que reír!

AMELIA. ¡Si la hubiera visto madre!

MAGDALENA. ¡Pobrecilla! Es la más joven de nosotras y tiene ilusión. Daría algo por verla feliz.

(Pausa. Angustias cruza la escena con unas toallas en la mano.)

ANGUSTIAS. ¿Qué hora es?

MAGDALENA. Ya deben ser las doce.

ANGUSTIAS. ¿Tanto?

AMELIA. Estarán al caer.

(Sale Angustias.)

MAGDALENA *(con intención).* ¿Sabéis ya la cosa? *(Señalando a Angustias.)*

AMELIA. No.

MAGDALENA. ¡Vamos!

MARTIRIO. No sé a qué cosa te refieres ...

MAGDALENA. Mejor que yo lo sabéis las dos. Siempre cabeza con cabeza como dos ovejitas, pero sin desahogarse con nadie. ¡Lo de Pepe el Romano!

MARTIRIO. ¡Ah!

1f. **los cordones desabrochados:** aufgegangene Schnürbänder.

MAGDALENA *(remedándola).* ¡Ah! Ya se comenta por el pueblo. Pepe el Romano viene a casarse con Angustias. Anoche estuvo rondando la casa y creo que pronto va a mandar un emisario.

MARTIRIO. Yo me alegro. Es buen mozo.

AMELIA. Yo también. Angustias tiene buenas condiciones.

MAGDALENA. Ninguna de las dos os alegráis.

MARTIRIO. ¡Magdalena! ¡Mujer!

MAGDALENA. Si viniera por el tipo de Angustias, por Angustias como mujer, yo me alegraría; pero viene por el dinero. Aunque Angustias es nuestra hermana, aquí estamos en familia y reconocemos que está vieja, enfermiza, y que siempre ha sido la que ha tenido menos méritos de todas nosotras. Porque si con veinte años parecía un palo vestido, ¡qué será ahora que tiene cuarenta!

MARTIRIO. No hables así. La suerte viene a quien menos la aguarda.

AMELIA. ¡Después de todo dice la verdad! ¡Angustias tiene todo el dinero de su padre, es la única rica de la casa y por eso ahora que nuestro padre ha muerto y ya se harán particiones viene por ella!

MAGDALENA. Pepe el Romano tiene veinticinco años y es el mejor tipo de todos estos contornos. Lo natural sería que te pretendiera a ti, Amelia, o a nuestra

---

1 **remedar:** nachahmen, nachäffen.
3 **rondar:** umschwärmen, umkreisen.
4 **el emisario:** Bote.
19 **aguardar:** erhoffen.
25 **los contornos:** Umgebung.
26 **pretender a alg.:** um jdn. werben, jdn. begehren.

Adela, que tiene veinte años, pero no que venga a
buscar lo más oscuro de esta casa, a una mujer que,
como su padre, habla con las narices.
MARTIRIO. ¡Puede que a él le guste!
MAGDALENA. ¡Nunca he podido resistir tu hipocresía!
MARTIRIO. ¡Dios me valga!
(Entra Adela.)
MAGDALENA. ¿Te han visto ya las gallinas?
ADELA. ¿Y qué queríais que hiciera?
AMELIA. ¡Si te ve nuestra madre te arrastra del pelo!
ADELA. Tenía mucha ilusión con el vestido. Pensaba
ponérmelo el día que vamos a comer sandías a la
noria. No hubiera habido otro igual.
MARTIRIO. Es un vestido precioso.
ADELA. Y que me está muy bien. Es lo mejor que ha
cortado Magdalena.
MAGDALENA. ¿Y las gallinas qué te han dicho?
ADELA. Regalarme unas cuantas pulgas que me han
acribillado las piernas.
(Ríen.)
MARTIRIO. Lo que puedes hacer es teñirlo de negro.
MAGDALENA. Lo mejor que puedes hacer es regalárse-
lo a Angustias para la boda con Pepe el Romano.
ADELA *(con emoción contenida)*. Pero Pepe el Roma-
no ...
AMELIA. ¿No lo has oído decir?

---

3 **hablar con las narices:** durch die Nase reden.
5 **la hipocresía:** Heuchelei.
13 **la noria:** (Riesen-)Rad; hier (fig.): Volksfest.
18 **la pulga:** Floh.
19 **acribillar:** quälen; hier: zerstechen.
21 **teñir:** färben.

ADELA. No.
MAGDALENA. ¡Pues ya lo sabes!
ADELA. ¡Pero si no puede ser!
MAGDALENA. ¡El dinero lo puede todo!
ADELA. ¿Por eso ha salido detrás del duelo y estuvo mirando por el portón?
(Pausa.)
Y ese hombre es capaz de …
MAGDALENA. Es capaz de todo.
(Pausa.)
MARTIRIO. ¿Qué piensas, Adela?
ADELA. Pienso que este luto me ha cogido en la peor época de mi vida para pasarlo.
MAGDALENA. Ya te acostumbrarás.
ADELA *(rompiendo a llorar con ira)*. No me acostumbraré. Yo no puedo estar encerrada. No quiero que se me pongan las carnes como a vosotras; no quiero perder mi blancura en estas habitaciones; mañana me pondré mi vestido verde y me echaré a pasear por la calle. ¡Yo quiero salir!
(Entra la criada.)
MAGDALENA *(autoritaria)*. ¡Adela!
CRIADA. ¡La pobre! Cuánto ha sentido a su padre …
(Sale.)
MARTIRIO. ¡Calla!
AMELIA. Lo que sea de una será de todas.
(Adela se calma.)
MAGDALENA. Ha estado a punto de oírte la criada.
(Aparece la criada.)

---

15 **romper a llorar:** in Tränen ausbrechen.

CRIADA. Pepe el Romano viene por lo alto de la calle.
(Amelia, Martirio y Magdalena corren presurosas.)
MAGDALENA. ¡Vamos a verlo!
(Salen rápidas.)
CRIADA *(a Adela)*. ¿Tú no vas?
ADELA. No me importa.
CRIADA. Como dará la vuelta a la esquina, desde la ventana de tu cuarto se verá mejor. *(Sale.)*
(Adela queda en escena dudando; después de un instante se va también rápida hasta su habitación. Salen Bernarda y La Poncia.)
BERNARDA. ¡Malditas particiones!
LA PONCIA. ¡Cuánto dinero le queda a Angustias!
BERNARDA. Sí.
LA PONCIA. Y a las otras, bastante menos.
BERNARDA. Ya me lo has dicho tres veces y no te he querido replicar. Bastante menos, mucho menos. No me lo recuerdes más.
(Sale Angustias muy compuesta de cara.)
BERNARDA. ¡Angustias!
ANGUSTIAS. Madre.
BERNARDA. ¿Pero has tenido valor de echarte polvos en la cara? ¿Has tenido valor de lavarte la cara el día de la muerte de tu padre?
ANGUSTIAS. No era mi padre. El mío murió hace tiempo. ¿Es que ya no lo recuerda usted?
BERNARDA. Más debes a este hombre, padre de tus

---

1 **venir por lo alto:** von oben kommnen (*el alto:* Anhöhe).
2 **presuroso/a:** eilig, hastig.
17 **replicar:** erwidern.

hermanas, que al tuyo. Gracias a este hombre tienes colmada tu fortuna.

ANGUSTIAS. ¡Eso lo teníamos que ver!

BERNARDA. Aunque fuera por decencia. ¡Por respeto!

ANGUSTIAS. Madre, déjeme usted salir.

BERNARDA. ¿Salir? Después de que te hayas quitado esos polvos de la cara. ¡Suavona! ¡Yeyo! ¡Espejo de tus tías! *(Le quita violentamente con un pañuelo los polvos.)* ¡Ahora, vete!

LA PONCIA. ¡Bernarda, no seas tan inquisitiva!

BERNARDA. Aunque mi madre esté loca, yo estoy en mis cinco sentidos y sé perfectamente lo que hago. *(Entran todas.)*

MAGDALENA. ¿Qué pasa?

BERNARDA. No pasa nada.

MAGDALENA *(a Angustias)*. Si es que discuten por las particiones, tú que eres la más rica te puedes quedar con todo.

ANGUSTIAS. Guárdate la lengua en la madriguera.

BERNARDA *(golpeando en el suelo)*. No os hagáis ilusiones de que vais a poder conmigo. ¡Hasta que salga de esta casa con los pies adelante mandaré en lo mío y en lo vuestro!

(Se oyen unas voces y entra en escena María Josefa, la madre de Bernarda, viejísima, ataviada con flores en la cabeza y en el pecho.)

1f. **tener colmada su fortuna:** sein Vermögen vermehrt haben (*colmar:* auffüllen).
7 **yeyo/a:** etwa: Mehlgesicht (das weiß gepuderte Gesicht betreffend).
10 **inquisitivo/a:** neugierig, nachforschend.
19 **guardarse la lengua en la madriguera:** etwa: die Zunge im Zaum halten (*la madriguera:* [Kaninchen-]Bau).
25 **ataviar:** schmücken.

MARÍA JOSEFA. Bernarda, ¿dónde está mi mantilla?
Nada de lo que tengo quiero que sea para vosotras.
Ni mis anillos ni mi traje negro de «moaré». Porque
ninguna de vosotras se va a casar. ¡Ninguna! Bernarda, dame mi gargantilla de perlas.
BERNARDA (*a la criada*). ¿Por qué la habéis dejado entrar?
CRIADA (*temblando*). ¡Se me escapó!
MARÍA JOSEFA. Me escapé porque me quiero casar, porque quiero casarme con un varón hermoso de la orilla del mar, ya que aquí los hombres huyen de las mujeres.
BERNARDA. ¡Calle usted, madre!
MARÍA JOSEFA. No, no me callo. No quiero ver a estas mujeres solteras rabiando por la boda, haciéndose polvo el corazón, y yo me quiero ir a mi pueblo. Bernarda, yo quiero un varón para casarme y para tener alegría.
BERNARDA. ¡Encerradla!
MARÍA JOSEFA. ¡Déjame salir, Bernarda!
(*La criada coge a María Josefa.*)
BERNARDA. ¡Ayudarla vosotras!
(*Todas arrastran a la vieja.*)
MARÍA JOSEFA. ¡Quiero irme de aquí! ¡Bernarda! ¡A casarme a la orilla del mar, a la orilla del mar!

Telón rápido.

---

1 **la mantilla:** (traditionelles spanisches) Kopftuch, Mantille.
5 **la gargantilla de perlas:** Perlenhalsband.
15 **rabiar:** wüten, toben.

Acto segundo

Habitación blanca del interior de la casa de Bernarda. Las puertas de la izquierda dan a los dormitorios. Las hijas de Bernarda están sentadas en sillas bajas cosiendo. Magdalena borda. Con ellas está La Poncia.

ANGUSTIAS. Ya he cortado la tercera sábana.
MARTIRIO. Le corresponde a Amelia.
MAGDALENA. Angustias. ¿Pongo también las iniciales de Pepe?
ANGUSTIAS *(seca)*. No.
MAGDALENA *(a voces)*. Adela, ¿no vienes?
AMELIA. Estará echada en la cama.
LA PONCIA. Esta tiene algo. La encuentro sin sosiego, temblona, asustada, como si tuviese una lagartija entre los pechos.
MARTIRIO. No tiene ni más ni menos que lo que tenemos todas.
MAGDALENA. Todas, menos Angustias.
ANGUSTIAS. Yo me encuentro bien, y al que le duela, que reviente.
MAGDALENA. Desde luego hay que reconocer que lo

---

13 **el sosiego:** Ruhe, Stille.
14 **temblón, temblona:** zitternd.
   el lagartijo: Eidechse.
20 **reventar:** krepieren, bersten.

mejor que has tenido siempre es el talle y la delicadeza.

ANGUSTIAS. Afortunadamente, pronto voy a salir de este infierno.

MAGDALENA. ¡A lo mejor no sales!

MARTIRIO. Dejar esa conversación.

ANGUSTIAS. Y, además, ¡más vale onza en el arca que ojos negros en la cara!

MAGDALENA. Por un oído me entra y por otro me sale.

AMELIA *(a La Poncia)*. Abre la puerta del patio a ver si nos entra un poco de fresco.

(La criada lo hace.)

MARTIRIO. Esta noche pasada no me podía quedar dormida por el calor.

AMELIA. Yo tampoco.

MAGDALENA. Yo me levanté a refrescarme. Había un nublo negro de tormenta y hasta cayeron algunas gotas.

LA PONCIA. Era la una de la madrugada y subía fuego de la tierra. También me levanté yo. Todavía estaba Angustias con Pepe en la ventana.

MAGDALENA *(con ironía)*. ¿Tan tarde? ¿A qué hora se fue?

ANGUSTIAS. Magdalena, ¿a qué preguntas, si lo viste?

AMELIA. Se iría a eso de la una y media.

ANGUSTIAS. ¿Sí? ¿Tú por qué lo sabes?

---

1 **el talle:** Figur, Taille.
1 f. **la delicadeza:** Zartheit, Schwäche.
3 **afortunadamente** (adv.): glücklicherweise.
7 **la onza:** Unze (alte Münze).
17 **el nublo:** etwa: Bewölkung.

AMELIA. Lo sentí toser y oí los pasos de su jaca.
LA PONCIA. Pero si yo lo sentí marchar a eso de las cuatro.
ANGUSTIAS. No sería él.
LA PONCIA. Estoy segura.
AMELIA. A mí también me pareció.
MAGDALENA. ¡Qué cosa más rara!
(Pausa.)
LA PONCIA. Oye, Angustias: ¿qué fue lo que te dijo la primera vez que se acercó a tu ventana?
ANGUSTIAS. Nada. ¡Qué me iba a decir! Cosas de conversación.
MARTIRIO. Verdaderamente es raro que dos personas que no se conocen se vean de pronto en una reja y ya novios.
ANGUSTIAS. Pues a mí no me chocó.
AMELIA. A mí me daría no sé qué.
ANGUSTIAS. No, porque cuando un hombre se acerca a una reja ya sabe por los que van y vienen, llevan y traen, que se le va a decir que sí.
MARTIRIO. Bueno; pero él te lo tendría que decir.
ANGUSTIAS. ¡Claro!
AMELIA *(curiosa)*. ¿Y cómo te lo dijo?
ANGUSTIAS. Pues nada: «Ya sabes que ando detrás de ti, necesito una mujer buena, modosa, y esa eres tú si me das la conformidad.»
AMELIA. ¡A mí me da vergüenza de estas cosas!

---

1 **la jaca:** kleines Reitpferd.
14 **la reja:** Gitter.
25 **modoso/a:** sittsam, artig.
26 **la conformidad:** Zustimmung, Einwilligung.

ANGUSTIAS. Y a mí, pero hay que pasarlas.
LA PONCIA. ¿Y habló más?
ANGUSTIAS. Sí, siempre habló él.
MARTIRIO. ¿Y tú?
ANGUSTIAS. Yo no hubiera podido. Casi se me salió el corazón por la boca. Era la primera vez que estaba sola de noche con un hombre.
MAGDALENA. Y un hombre tan guapo.
ANGUSTIAS. No tiene mal tipo.
LA PONCIA. Esas cosas pasan entre personas ya un poco instruidas que hablan y dicen y mueven la mano ... La primera vez que mi marido Evaristo el Colín vino a mi ventana ... Ja, ja, ja.
AMELIA. ¿Qué pasó?
LA PONCIA. Era muy oscuro. Lo vi acercarse y al llegar me dijo: «Buenas noches.» «Buenas noches», le dije yo, y nos quedamos callados más de media hora. Me corría el sudor por todo el cuerpo. Entonces Evaristo se acercó, se acercó que se quería meter por los hierros, y dijo con voz muy baja: «¡Ven que te tiente!» *(Ríen todas. Amelia se levanta corriendo y espía por una puerta.)*
AMELIA. ¡Ay!, creí que llegaba nuestra madre.
MAGDALENA. ¡Buenas nos hubiera puesto!
(Siguen riendo.)
AMELIA. Chissss ... ¡Que nos van a oír!
LA PONCIA. Luego se portó bien. En vez de darle por otra cosa le dio por criar colorines hasta que se mu-

---

11 **instruido/a:** gebildet.
19f. **los hierros:** hier: Eisengitter.
28 **el colorín:** Stieglitz.

rió. A vosotras que sois solteras, os conviene saber de todos modos que el hombre, a los quince días de boda, deja la cama por la mesa y luego la mesa por la tabernilla, y la que no se conforma se pudre llorando en un rincón.

AMELIA. Tú te conformaste.

LA PONCIA. ¡Yo pude con él!

MARTIRIO. ¿Es verdad que le pegaste algunas veces?

LA PONCIA. Sí, y por poco si le dejo tuerto.

MAGDALENA. ¡Así debían ser todas las mujeres!

LA PONCIA. Yo tengo la escuela de tu madre. Un día me dijo no sé qué cosa y le maté todos los colorines con la mano del almirez.

(Ríen.)

MAGDALENA. Adela, niña, no te pierdas esto.

AMELIA. Adela.

(Pausa.)

MAGDALENA. Voy a ver. *(Entra.)*

LA PONCIA. Esa niña está mala.

MARTIRIO. Claro, no duerme apenas.

LA PONCIA. ¿Pues qué hace?

MARTIRIO. ¡Yo qué sé lo que hace!

LA PONCIA. Mejor lo sabrás tú que yo, que duermes pared por medio.

ANGUSTIAS. La envidia la come.

AMELIA. No exageres.

---

4 **la tabernilla:** Schänke, Kneipe.
conformarse: sich abfinden, sich begnügen.
9 **dejar tuerto a alg.** (fam.): etwa: jdm. ein Auge ausschlagen (*tuerto/a:* einäugig).
13 **el almirez:** Mörser.

ANGUSTIAS. Se lo noto en los ojos. Se le está poniendo mirar de loca.

MARTIRIO. No habléis de locos. Aquí es el único sitio donde no se puede pronunciar esta palabra.

(Sale Magdalena con Adela.)

MAGDALENA. Pues ¿no estabas dormida?

ADELA. Tengo mal cuerpo.

MARTIRIO *(con intención)*. ¿Es que no has dormido bien esta noche?

ADELA. Sí.

MARTIRIO. ¿Entonces?

ADELA *(fuerte)*. ¡Déjame ya! ¡Durmiendo o velando, no tienes por qué meterte en lo mío! ¡Yo hago con mi cuerpo lo que me parece!

MARTIRIO. ¡Solo es interés por ti!

ADELA. Interés o inquisición. ¿No estabais cosiendo? Pues seguir. ¡Quisiera ser invisible, pasar por las habitaciones sin que me preguntarais dónde voy!

CRIADA *(entra)*. Bernarda os llama. Está el hombre de los encajes.

(Salen. Al salir, Martirio mira fijamente a Adela.)

ADELA. ¡No me mires más! Si quieres te daré mis ojos, que son frescos, y mis espaldas para que te compongas la joroba que tienes, pero vuelve la cabeza cuando yo paso.

(Se va Martirio.)

---

12 **velar:** wach bleiben.
16 **la inquisición:** Nachforschung; hier: Neugier.
19 f. **el hombre de los encajes:** Spitzenhändler.
23 f. **componer:** zusammensetzen; hier: ausbessern, herrichten.
24 **la joroba:** Buckel.

LA PONCIA. ¡Que es tu hermana y además la que más te quiere!
ADELA. Me sigue a todos lados. A veces se asoma a mi cuarto para ver si duermo. No me deja respirar. Y siempre: «¡Qué lástima de cara!», «¡Qué lástima de cuerpo que no vaya a ser para nadie!» ¡Y eso no! Mi cuerpo será de quien yo quiera.
LA PONCIA *(con intención y en voz baja)*. De Pepe el Romano. ¿No es eso?
ADELA *(sobrecogida)*. ¿Qué dices?
LA PONCIA. Lo que digo, Adela.
ADELA. ¡Calla!
LA PONCIA *(alto)*. ¿Crees que no me he fijado?
ADELA. ¡Baja la voz!
LA PONCIA. ¡Mata esos pensamientos!
ADELA. ¿Qué sabes tú?
LA PONCIA. Las viejas vemos a través de las paredes. ¿Dónde vas de noche cuando te levantas?
ADELA. ¡Ciega debías estar!
LA PONCIA. Con la cabeza y las manos llenas de ojos cuando se trata de lo que se trata. Por mucho que pienso no sé lo que te propones. ¿Por qué te pusiste casi desnuda con la luz encendida y la ventana abierta al pasar Pepe el segundo día que vino a hablar con tu hermana?
ADELA. ¡Eso no es verdad!
LA PONCIA. No seas como los niños chicos. ¡Deja en paz a tu hermana, y si Pepe el Romano te gusta, te aguantas!
(Adela llora.)

29 **aguantarse:** sich beherrschen.

Además, ¿quién dice que no te puedes casar con él? Tu hermana Angustias es una enferma. Esa no resiste el primer parto. Es estrecha de cintura, vieja, y con mi conocimiento te digo que se morirá. Entonces Pepe hará lo que hacen todos los viudos de esta tierra: se casará con la más joven, la más hermosa, y esa serás tú. Alimenta esa esperanza, olvídalo, lo que quieras, pero no vayas contra la ley de Dios.

ADELA. ¡Calla!

LA PONCIA. ¡No callo!

ADELA. Métete en tus cosas, ¡oledora!, ¡pérfida!

LA PONCIA. Sombra tuya he de ser.

ADELA. En vez de limpiar la casa y acostarte para rezar a tus muertos, buscas como una vieja marrana asuntos de hombres y mujeres para babosear en ellos.

LA PONCIA. ¡Velo! Para que las gentes no escupan al pasar por esta puerta.

ADELA. ¡Qué cariño tan grande te ha entrado de pronto por mi hermana!

LA PONCIA. No os tengo ley a ninguna, pero quiero vivir en casa decente. ¡No quiero mancharme de vieja!

ADELA. Es inútil tu consejo. Ya es tarde. No por encima de ti, que eres una criada; por encima de mi madre saltaría para apagarme este fuego que tengo levantado por piernas y boca. ¿Qué puedes decir de mí? ¿Que me encierro en mi cuarto y no abro la

---

7 **alimentar:** nähren.
11 **la oledora:** Schnüfflerin.
la pérfida: etwa: Intrigantin, Verräterin.
14 **la marrana:** Sau; hier (fig.): Schlampe.
15 **babosear:** geifern.

puerta? ¿Que no duermo? ¡Soy más lista que tú! Mira a ver si puedes agarrar la liebre con tus manos.

LA PONCIA. No me desafíes, Adela, no me desafíes. Porque yo puedo dar voces, encender luces y hacer que toquen las campanas.

ADELA. Trae cuatro mil bengalas amarillas y ponlas en las bardas del corral. Nadie podrá evitar que suceda lo que tiene que suceder.

LA PONCIA. ¡Tanto te gusta ese hombre!

ADELA. ¡Tanto! Mirando sus ojos me parece que bebo su sangre lentamente.

LA PONCIA. Yo no te puedo oír.

ADELA. ¡Pues me oirás! Te he tenido miedo. ¡Pero ya soy más fuerte que tú!

(Entra Angustias.)

ANGUSTIAS. ¡Siempre discutiendo!

LA PONCIA. Claro. Se empeña que con el calor que hace vaya a traerle no sé qué de la tienda.

ANGUSTIAS. ¿Me compraste el bote de esencia?

LA PONCIA. El más caro. Y los polvos. En la mesa de tu cuarto los he puesto.

(Sale Angustias.)

ADELA. ¡Y chitón!

---

2 **la liebre:** Hase (hier die sinnliche Beziehung zu el Romano ausdrückend).
4 **desafiar:** herausfordern.
7 **la bengala:** bengalisches Feuer; etwa: Fackeln, Leuchten.
8 **la barda:** Dornenabdeckung auf einer Gartenmauer; hier: Wand.
el corral: Hof.
20 **la esencia:** Essenz, Wesen; hier: Parfüm.
24 **¡chitón!:** etwa: kein Sterbenswort!

LA PONCIA. ¡Lo veremos!
(Entran Martirio, Amelia y Magdalena.)
MAGDALENA *(a Adela).* ¿Has visto los encajes?
AMELIA. Los de Angustias para sus sábanas de novia son preciosos.
ADELA *(a Martirio, que trae unos encajes).* ¿Y estos?
MARTIRIO. Son para mí. Para una camisa.
ADELA *(con sarcasmo).* Se necesita buen humor.
MARTIRIO *(con intención).* Para verlo yo. No necesito lucirme ante nadie.
LA PONCIA. Nadie le ve a una en camisa.
MARTIRIO *(con intención y mirando a Adela).* ¡A veces! Pero me encanta la ropa interior. Si fuera rica la tendría de holanda. Es uno de los pocos gustos que me quedan.
LA PONCIA. Estos encajes son preciosos para las gorras de niños, para mantehuelos de cristianar. Yo nunca pude usarlos en los míos. A ver si ahora Angustias los usa en los suyos. Como le dé por tener crías, vais a estar cosiendo mañana y tarde.
MAGDALENA. Yo no pienso dar una puntada.
AMELIA. Y mucho menos criar niños ajenos. Mira tú cómo están las vecinas del callejón, sacrificadas por cuatro monigotes.

---

10 **lucirse:** sich hervortun.
17 **el mantehuelo de cristianar:** Taufkleid (*el mantehuelo:* Umhang, Tuch).
19 **la cría:** Brut, Junge; hier (fam.): Kind.
21 **la puntada:** Nadelstich.
22 **ajeno/a:** fremd.
23 **sacrificar:** opfern.
24 **el monigote:** Männchen, Püppchen; hier (pey.): Göre.

LA PONCIA. Esas están mejor que vosotras. ¡Siquiera allí se ríe y se oyen porrazos!

MARTIRIO. Pues vete a servir con ellas.

LA PONCIA. No. Ya me ha tocado en suerte este convento.

(Se oyen unos campanillos lejanos como a través de varios muros.)

MAGDALENA. Son los hombres que vuelven del trabajo.

LA PONCIA. Hace un minuto dieron las tres.

MARTIRIO. ¡Con este sol!

ADELA *(sentándose)*. ¡Ay, quién pudiera salir también a los campos!

MAGDALENA *(sentándose)*. ¡Cada clase tiene que hacer lo suyo!

MARTIRIO *(sentándose)*. ¡Así es!

AMELIA *(sentándose)*. ¡Ay!

LA PONCIA. No hay alegría como la de los campos en esta época. Ayer de mañana llegaron los segadores. Cuarenta o cincuenta buenos mozos.

MAGDALENA. ¿De dónde son este año?

LA PONCIA. De muy lejos. Vinieron de los montes. ¡Alegres! ¡Como árboles quemados! ¡Dando voces y arrojando piedras! Anoche llegó al pueblo una mujer vestida de lentejuelas y que bailaba con un acordeón, y quince de ellos la contrataron para lle-

---

2 **el porrazo:** Knüppelschlag; hier: das Balgen der Kinder.
4 **tocar en suerte:** zuteil werden.
6 **el campanillo:** Glockengeläut.
18 **el segador:** Schnitter.
23 **arrojar:** werfen, schmeißen.
24 **las lentejuelas:** Flitter, Paillette.
25 **contratar:** anwerben.

vársela al olivar. Yo los vi de lejos. El que la contrataba era un muchacho de ojos verdes, apretado como una gavilla de trigo.

AMELIA. ¿Es eso cierto?

ADELA. ¡Pero es posible!

LA PONCIA. Hace años vino otra de estas y yo misma di dinero a mi hijo mayor para que fuera. Los hombres necesitan estas cosas.

ADELA. Se les perdona todo.

AMELIA. Nacer mujer es el mayor castigo.

MAGDALENA. Y ni nuestros ojos siquiera nos pertenecen.

(Se oye un cantar lejano que se va acercando.)

LA PONCIA. Son ellos. Traen unos cantos preciosos.

AMELIA. Ahora salen a segar.

CORO.

> Ya salen los segadores
> en busca de las espigas;
> se llevan los corazones
> de las muchachas que miran.

(Se oyen panderos y carrañacas. Pausa. Todas oyen en un silencio traspasado por el sol.)

AMELIA. ¡Y no les importa el calor!

MARTIRIO. Siegan entre llamaradas.

---

3 **la gavilla:** Garbe.
13 **acercarse:** sich nähern.
15 **segar:** mähen.
18 **la espiga:** Ähre.
21 **el pandero:** Tamburin.
   la carrañaca: *la carraca:* Knarre, Rassel.
22 **traspasar:** überschreiten; hier (fig.): durchdringen.
24 **la llamarada:** Aufflackern, hier (fig.): Röte, Glut.

ADELA. Me gustaría segar para ir y venir. Así se olvida lo que nos muerde.
MARTIRIO. ¿Qué tienes tú que olvidar?
ADELA. Cada una sabe sus cosas.
MARTIRIO *(profunda)*. ¡Cada una!
LA PONCIA. ¡Callar! ¡Callar!
CORO *(muy lejano)*.
    Abrir puertas y ventanas
    las que vivís en el pueblo,
    el segador pide rosas
    para adornar su sombrero.
LA PONCIA. ¿Qué canto!
MARTIRIO *(con nostalgia)*.
    Abrir puertas y ventanas
    las que vivís en el pueblo …
ADELA *(con pasión)*.
    … el segador pide rosas
    para adornar su sombrero.
(Se va alejando el cantar.)
LA PONCIA. Ahora dan vuelta a la esquina.
ADELA. Vamos a verlos por la ventana de mi cuarto.
LA PONCIA. Tened cuidado con no entreabrirla mucho, porque son capaces de dar un empujón para ver quién mira.
(Se van las tres. Martirio queda sentada en la silla baja con la cabeza entre las manos.)
AMELIA *(acercándose)*. ¿Qué te pasa?

---

11 **adornar:** schmücken.
13 **la nostalgia:** Sehnsucht, Wehmut.
22 **entreabrir:** halb öffnen.
23 **el empujón:** Stoß, Schubs.

MARTIRIO. Me sienta mal el calor.

AMELIA. ¿No es más que eso?

MARTIRIO. Estoy deseando que llegue noviembre, los días de lluvias, la escarcha, todo lo que no sea este verano interminable.

AMELIA. Ya pasará y volverá otra vez.

MARTIRIO. ¡Claro!

(Pausa.)

¿A qué hora te dormiste anoche?

AMELIA. No sé. Yo duermo como un tronco. ¿Por qué?

MARTIRIO. Por nada, pero me pareció oír gente en el corral.

AMELIA. ¿Sí?

MARTIRIO. Muy tarde.

AMELIA. ¿Y no tuviste miedo?

MARTIRIO. No. Ya lo he oído otras noches.

AMELIA. Debiéramos tener cuidado. ¿No serían los gañanes?

MARTIRIO. Los gañanes llegan a las seis.

AMELIA. Quizá una mulilla sin desbravar.

MARTIRIO *(entre dientes y llena de segunda intención).* Eso, ¡eso!, una mulilla sin desbravar.

AMELIA. ¡Hay que prevenir!

MARTIRIO. No. No. No digas nada, puede ser un barrunto mío.

---

4 **la escarcha:** Raureif.
10 **dormir como un tronco** (fig.): schlafen wie ein Klotz.
20 **la mulilla:** Maultier.
   desbravar: (Pferd) zureiten, zähmen.
21 **(decir) entre dientes** (fig.): in den Bart brummen, murmeln.
24f. **el barrunto:** Vermutung, Ahnung.

AMELIA. Quizá.
(Pausa. Amelia inicia el mutis.)
MARTIRIO. Amelia.
AMELIA *(en la puerta).* ¿Qué?
(Pausa.)
MARTIRIO. Nada.
(Pausa.)
AMELIA. ¿Por qué me llamaste?
(Pausa.)
MARTIRIO. Se me escapó. Fue sin darme cuenta.
(Pausa.)
AMELIA. Acuéstate un poco.
ANGUSTIAS *(entrando furiosa en escena, de modo que haya un gran contraste con los silencios anteriores).* ¿Dónde está el retrato de Pepe que tenía yo debajo de mi almohada? ¿Quién de vosotras lo tiene?
MARTIRIO. Ninguna.
AMELIA. Ni que Pepe fuera un San Bartolomé de plata.
ANGUSTIAS. ¿Dónde está el retrato?
(Entran La Poncia, Magdalena y Adela.)
ADELA. ¿Qué retrato?
ANGUSTIAS. Una de vosotras me lo ha escondido.
MAGDALENA. ¿Tienes la desvergüenza de decir esto?
ANGUSTIAS. Estaba en mi cuarto y ya no está.
MARTIRIO. ¿Y no se habrá escapado a medianoche al corral? A Pepe le gusta andar con la luna.

---

2 **iniciar:** anfangen, einleiten.
el mutis: (Theater) Abgang von der Bühne.
18 **San Bartolomé:** Heiligendarstellung, oft nackt mit weichen Formen (erotischer Bezug).
23 **la desvergüenza:** Unverschämtheit, Schamlosigkeit.

ANGUSTIAS. ¡No me gastes bromas! Cuando venga se lo contaré.
LA PONCIA. ¡Eso no, porque aparecerá! *(Mirando a Adela.)*
ANGUSTIAS. ¡Me gustaría saber cuál de vosotras lo tiene!
ADELA *(mirando a Martirio)*. ¡Alguna! ¡Todas menos yo!
MARTIRIO *(con intención)*. ¡Desde luego!
BERNARDA *(entrando)*. ¡Qué escándalo es este en mi casa y en el silencio del peso del calor! Estarán las vecinas con el oído pegado a los tabiques.
ANGUSTIAS. Me han quitado el retrato de mi novio.
BERNARDA *(fiera)*. ¿Quién? ¿Quién?
ANGUSTIAS. ¡Estas!
BERNARDA. ¿Cuál de vosotras? *(Silencio.)* ¡Contestarme! *(Silencio. A Poncia.)* Registra los cuartos, mira por las camas. ¡Esto tiene no ataros más cortas! ¡Pero me vais a soñar! *(A Angustias.)* ¿Estás segura?
ANGUSTIAS. Sí.
BERNARDA. ¿Lo has buscado bien?
ANGUSTIAS. Sí, madre.
(Todas están de pie en medio de un embarazoso silencio.)
BERNARDA. Me hacéis al final de mi vida beber el veneno más amargo que una madre puede resistir. *(A Poncia.)* ¿No lo encuentras?
LA PONCIA *(saliendo)*. Aquí está.

---

3 **aparecer:** erscheinen, zum Vorschein kommen.
10 **el tabique:** (Trenn-)Wand.
12 **fiero/a:** hier: rasend.
22 **embarazoso/a:** peinlich, lästig.

BERNARDA. ¿Dónde lo has encontrado?
LA PONCIA. Estaba ...
BERNARDA. Dilo sin temor.
LA PONCIA *(extrañada)*. Entre las sábanas de la cama de Martirio.
BERNARDA *(a Martirio)*. ¿Es verdad?
MARTIRIO. ¡Es verdad!
BERNARDA *(avanzando y golpeándola)*. Mala puñalada te den, ¡mosca muerta! ¡Sembradura de vidrios!
MARTIRIO *(fiera)*. ¡No me pegue usted, madre!
BERNARDA. ¡Todo lo que quiera!
MARTIRIO. ¡Si yo la dejo! ¿Lo oye? ¡Retírese usted!
LA PONCIA. No faltes a tu madre.
ANGUSTIAS *(cogiendo a Bernarda)*. Déjala. ¡Por favor!
BERNARDA. Ni lágrimas te quedan en esos ojos.
MARTIRIO. No voy a llorar para darle gusto.
BERNARDA. ¿Por qué has cogido el retrato?
MARTIRIO. ¿Es que yo no puedo gastar una broma a mi hermana? ¿Para qué lo iba a querer?
ADELA *(saltando llena de celos)*. No ha sido broma, que tú nunca has gustado jamás de juegos. Ha sido otra cosa que te reventaba en el pecho por querer salir. Dilo ya claramente.

---

3 **el temor:** Furcht, Angst.
8 **golpear:** schlagen.
8f. **mala puñalada [trapera] te den:** man sollte dir einen bösen [Lumpenhändler-]Messerstich geben; etwa (vulg.): verrecken sollst du!
9 **la mosca muerta** (fig.): Duckmäuserin.
la sembradura de vidrios: etwa: Drachensaat (*la sembradura:* Säen; *los vidrios:* Glassplitter).
20 **los celos:** Eifersucht.
22 **reventar:** platzen.

MARTIRIO. ¡Calla y no me hagas hablar, que si hablo se van a juntar las paredes unas con otras de vergüenza!

ADELA. ¡La mala lengua no tiene fin para inventar!

BERNARDA. ¡Adela!

MAGDALENA. Estáis locas.

AMELIA. Y nos apedreáis con malos pensamientos.

MARTIRIO. Otras hacen cosas más malas.

ADELA. Hasta que se pongan en cueros de una vez y se las lleve el río.

BERNARDA. ¡Perversa!

ANGUSTIAS. Yo no tengo la culpa de que Pepe el Romano se haya fijado en mí.

ADELA. ¡Por tus dineros!

ANGUSTIAS. ¡Madre!

BERNARDA. ¡Silencio!

MARTIRIO. Por tus marjales y tus arboledas.

MAGDALENA. ¡Eso es lo justo!

BERNARDA. ¡Silencio digo! Yo veía la tormenta venir, pero no creía que estallara tan pronto. ¡Ay, qué pedrisco de odio habéis echado sobre mi corazón! Pero todavía no soy anciana y tengo cinco cadenas para vosotras y esta casa levantada por mi padre para que ni las hierbas se enteren de mi desolación. ¡Fuera de aquí!

---

2 **juntar:** zusammenkommen, zusammenrücken.
6 **apedrear:** mit Steinen bewerfen, steinigen.
8 **en cueros:** nackt (*el cuero:* Leder, Haut).
16 **los marjales:** sumpfiges Tiefland; hier: Felder, Landbesitz.
 las arboledas: Baumpflanzung; hier: Obstbäume.
20 **el pedrisco:** Steinhagel.
23 **ni las hierbas** (fig.): niemand (noch nicht mal das Gras/Unkraut).
 enterarse de algo: etwas erfahren, von etwas Kenntnis erhalten.
24 **la desolación:** Trostlosigkeit.

(Salen. Bernarda se sienta desolada. La Poncia está de pie arrimada a los muros. Bernarda reacciona, da un golpe en el suelo y dice:)

¡Tendré que sentarles la mano! Bernarda: acuérdate que esta es tu obligación.

LA PONCIA. ¿Puedo hablar?

BERNARDA. Habla. Siento que hayas oído. Nunca está bien una extraña en el centro de la familia.

LA PONCIA. Lo visto, visto está.

BERNARDA. Angustias tiene que casarse en seguida.

LA PONCIA. Claro; hay que retirarla de aquí.

BERNARDA. No a ella. ¡A él!

LA PONCIA. Claro. A él hay que alejarlo de aquí. Piensas bien.

BERNARDA. No pienso. Hay cosas que no se pueden ni se deben pensar. Yo ordeno.

LA PONCIA. ¿Y tú crees que él querrá marcharse?

BERNARDA *(levantándose)*. ¿Qué imagina tu cabeza?

LA PONCIA. El, ¡claro!, se casará con Angustias.

BERNARDA. Habla, te conozco demasiado para saber que ya me tienes preparada la cuchilla.

LA PONCIA. Nunca pensé que se llamara asesinato al aviso.

BERNARDA. ¿Me tienes que prevenir algo?

LA PONCIA. Yo no acuso, Bernarda. Yo solo te digo: abre los ojos y verás.

BERNARDA. ¿Y verás qué?

LA PONCIA. Siempre has sido lista. Has visto lo malo de las gentes a cien leguas; muchas veces creí que

---

2 **arrimarse a algo:** sich an etwas anlehnen.
28 **listo/a:** klug, aufgeweckt.

adivinabas los pensamientos. Pero los hijos son los hijos. Ahora estás ciega.
BERNARDA. ¿Te refieres a Martirio?
LA PONCIA. Bueno, a Martirio ... *(Con curiosidad.)* ¿Por qué habrá escondido el retrato?
BERNARDA *(queriendo ocultar a su hija)*. Después de todo, ella dice que ha sido una broma. ¿Qué otra cosa puede ser?
LA PONCIA. ¿Tú lo crees así? *(Con sorna.)*
BERNARDA *(enérgica)*. No lo creo. ¡Es así!
LA PONCIA. Basta. Se trata de lo tuyo. Pero si fuera la vecina de enfrente, ¿qué sería?
BERNARDA. Ya empiezas a sacar la punta del cuchillo.
LA PONCIA *(siempre con crueldad)*. Bernarda: aquí pasa una cosa muy grande. Yo no te quiero echar la culpa, pero tú no has dejado a tus hijas libres. Martirio es enamoradiza, digas lo que tú quieras. ¿Por qué no la dejaste casar con Enrique Humanas? ¿Por qué el mismo día que iba a venir a la ventana le mandaste recado que no viniera?
BERNARDA. ¡Y lo haría mil veces! ¡Mi sangre no se junta con la de los Humanas mientras yo viva! Su padre fue gañán.

---

1 **adivinar:** (er)raten.
6 **ocultar:** verbergen; hier: decken, in Schutz nehmen.
9 **la sorna:** Häme, sarkastischer Unterton.
13 **la punta del cuchillo:** Spitze des Messers (hier Symbol der Bedrohung).
14 **con crueldad** (fig.): hier: mit Nachdruck *(la crueldad:* Grausamkeit).
17 **enamoradizo/a:** leicht entflammbar; hier: schnell verliebt sein.
20 **el recado:** Nachricht, Mitteilung.
21f. **juntarse:** sich zusammentun; hier: sich (ver)mischen.

LA PONCIA. ¡Y así te va a ti con esos humos!

BERNARDA. Los tengo porque puedo tenerlos. Y tú no los tienes porque sabes muy bien cuál es tu origen.

LA PONCIA *(con odio)*. No me lo recuerdes. Estoy ya vieja. Siempre agradecí tu protección.

BERNARDA *(crecida)*. ¡No lo parece!

LA PONCIA *(con odio envuelto en suavidad)*. A Martirio se le olvidará esto.

BERNARDA. Y si no lo olvida peor para ella. No creo que esta sea la «cosa muy grande» que aquí pasa. Aquí no pasa nada. ¡Eso quisieras tú! Y si pasa algún día, estate segura que no traspasará las paredes.

LA PONCIA. Eso no lo sé yo. En el pueblo hay gentes que leen también de lejos los pensamientos escondidos.

BERNARDA. ¡Cómo gozarías de vernos a mí y a mis hijas camino del lupanar!

LA PONCIA. ¡Nadie puede conocer su fin!

BERNARDA. ¡Yo sí sé mi fin! ¡Y el de mis hijas! El lupanar se queda para alguna mujer ya difunta.

LA PONCIA. ¡Bernarda, respeta la memoria de mi madre!

BERNARDA. ¡No me persigas tú con tus malos pensamientos!

(Pausa.)

---

1 **los humos:** Dünkel.
6 **crecido/a:** etwa: von oben herab.
7 **envolver:** verhüllen, verbergen.
   la suavidad: Sanftmut.
18 **el lupanar:** Bordell.
21 **difunto/a:** verstorben.

LA PONCIA. Mejor será que no me meta en nada.
BERNARDA. Eso es lo que debías hacer. Obrar y callar a todo. Es la obligación de los que viven a sueldo.
LA PONCIA. Pero no se puede. ¿A ti no te parece que Pepe estaría mejor casado con Martirio o ..., ¡sí!, con Adela?
BERNARDA. No me parece.
LA PONCIA. Adela. ¡Esa es la verdadera novia del Romano!
BERNARDA. Las cosas no son nunca a gusto nuestro.
LA PONCIA. Pero les cuesta mucho trabajo desviarse de la verdadera inclinación. A mí me parece mal que Pepe esté con Angustias, y a las gentes, y hasta al aire. ¡Quién sabe si saldrán con la suya!
BERNARDA. ¡Ya estamos otra vez! ... Te deslizas para llenarme de malos sueños. Y no quiero entenderte, porque si llegara al alcance de todo lo que dices te tendría que arañar.
LA PONCIA. ¡No llegará la sangre al río!
BERNARDA. Afortunadamente mis hijas me respetan y jamás torcieron mi voluntad.
LA PONCIA. ¡Eso sí! Pero en cuanto las dejes sueltas se te subirán al tejado.
BERNARDA. ¡Ya las bajaré tirándoles cantos!

---

11 **desviarse:** abkommen, abweichen.
12 **la inclinación:** (Zu-)Neigung, Hang.
15 **deslizarse** (fam.): sich danebenbenehmen, entgleisen.
18 **arañar:** (zer)kratzen.
21 **torcer:** verdrehen, verbiegen; hier: nicht befolgen.
22 **dejar suelto/a:** loslassen.
23 **subir al tejado de alg.:** gegen jdn. rebellieren, sich jdm. widersetzen (*el tejado:* Dach).

LA PONCIA. ¡Desde luego eres la más valiente!
BERNARDA. ¡Siempre gasté sabrosa pimienta!
LA PONCIA. ¡Pero lo que son las cosas! A su edad. ¡Hay que ver el entusiasmo de Angustias con su novio! ¡Y él también parece muy picado! Ayer me contó mi hijo mayor que a las cuatro y media de la madrugada, que pasó por la calle con la yunta, estaban hablando todavía.
BERNARDA. ¡A las cuatro y media!
ANGUSTIAS *(saliendo)*. ¡Mentira!
LA PONCIA. Eso me contaron.
BERNARDA *(a Angustias)*. ¡Habla!
ANGUSTIAS. Pepe lleva más de una semana marchándose a la una. Que Dios me mate si miento.
MARTIRIO *(saliendo)*. Yo también lo sentí marcharse a las cuatro.
BERNARDA. Pero ¿lo viste con tus ojos?
MARTIRIO. No quise asomarme. ¿No habláis ahora por la ventana del callejón?
ANGUSTIAS. Yo hablo por la ventana de mi dormitorio.

(Aparece Adela en la puerta.)

MARTIRIO. Entonces ...
BERNARDA. ¿Qué es lo que pasa aquí?
LA PONCIA. ¡Cuida de enterarte! Pero, desde luego, Pepe estaba a las cuatro de la madrugada en una reja de tu casa.
BERNARDA. ¿Lo sabes seguro?

---

2 **gastar sabrosa pimienta:** etwa (fig.): genug Energie haben (*sabroso/a*: schmackhaft, würzig; *la pimienta*: Pfeffer).
4 **el entusiasmo:** Begeisterung.
5 **picado/a:** angepickt, angefressen; hier etwa: angetan, verliebt.

LA PONCIA. Seguro no se sabe nada en esta vida.
ADELA. Madre, no oiga usted a quien nos quiere perder a todas.
BERNARDA. ¡Yo sabré enterarme! Si las gentes del pueblo quieren levantar falsos testimonios, se encontrarán con mi pedernal. No se hable de este asunto. Hay a veces una ola de fango que levantan los demás para perdernos.
MARTIRIO. A mí no me gusta mentir.
LA PONCIA. Y algo habrá.
BERNARDA. No habrá nada. Nací para tener los ojos abiertos. Ahora vigilaré sin cerrarlos ya hasta que me muera.
ANGUSTIAS. Yo tengo derecho de enterarme.
BERNARDA. Tú no tienes derecho más que a obedecer. Nadie me traiga ni me lleve. *(A La Poncia.)* Y tú te metes en los asuntos de tu casa. ¡Aquí no se vuelve a dar un paso sin que yo lo sienta!
CRIADA *(entrando)*. En lo alto de la calle hay un gran gentío y todos los vecinos están en sus puertas.
BERNARDA *(a La Poncia)*. ¡Corre a enterarte de lo que pasa!
(Las Mujeres corren para salir.)
¿Dónde vais? Siempre os supe mujeres ventaneras y rompedoras de su luto. ¡Vosotras, al patio!

---

5 **el testimonio:** Aussage.
6 **el pedernal:** Feuerstein; (fig.) starker Widerstand, Härte.
7 **el fango:** Schlamm.
12 **vigilar:** bewachen, aufpassen.
20 **el gentío:** Gedränge.
24 **ventanero/a:** sich am Fenster zeigend.
25 **rompedor, -a:** brechend.

Acto segundo 57

(Salen y sale Bernarda. Se oyen rumores lejanos. Entran Martirio y Adela, que se quedan escuchando y sin atreverse a dar un paso más de la puerta de salida.)

MARTIRIO. Agradece a la casualidad que no desaté mi lengua.

ADELA. También hubiera hablado yo.

MARTIRIO. ¿Y qué ibas a decir? ¡Querer no es hacer!

ADELA. Hace la que puede y la que se adelanta. Tú querías, pero no has podido.

MARTIRIO. No seguirás mucho tiempo.

ADELA. ¡Lo tendré todo!

MARTIRIO. Yo romperé tus abrazos.

ADELA *(suplicante)*. ¡Martirio, déjame!

MARTIRIO. ¡De ninguna!

ADELA. ¡El me quiere para su casa!

MARTIRIO. ¡He visto cómo te abrazaba!

ADELA. Yo no quería. He sido como arrastrada por una maroma.

MARTIRIO. ¡Primero muerta!

(Se asoman Magdalena y Angustias. Se siente crecer el tumulto.)

LA PONCIA *(entrando con Bernarda)*. ¡Bernarda!

BERNARDA. ¿Qué ocurre?

LA PONCIA. La hija de la Librada, la soltera, tuvo un hijo no se sabe con quién.

---

1 **el rumor:** hier: Lärm.
4f. **no desatar la lengua:** etwa (fig.): den Mund halten (*desatar:* losbinden).
13 **suplicante:** flehend, flehentlich.
17 **arrastrar:** ziehen.
18 **la maroma:** dickes Seil.
21 **el tumulto:** Tumult, Getümmel.

ADELA. ¿Un hijo?
LA PONCIA. Y para ocultar su vergüenza lo mató y lo metió debajo de unas piedras, pero unos perros con más corazón que muchas criaturas lo sacaron, y como llevados por la mano de Dios lo han puesto en el tranco de su puerta. Ahora la quieren matar. La traen arrastrando por la calle abajo, y por las trochas y los terrenos del olivar vienen los hombres corriendo, dando unas voces que estremecen los campos.
BERNARDA. Sí, que vengan todos con varas de olivo y mangos de azadones, que vengan todos para matarla.
ADELA. No, no. Para matarla, no.
MARTIRIO. Sí, y vamos a salir también nosotras.
BERNARDA. Y que pague la que pisotea la decencia.
(Fuera se oye un grito de mujer y un gran rumor.)
ADELA. ¡Que la dejen escapar! ¡No salgáis vosotras!
MARTIRIO *(mirando a Adela)*. ¡Que pague lo que debe!
BERNARDA *(bajo el arco)*. ¡Acabad con ella antes que lleguen los guardias! ¡Carbón ardiendo en el sitio de su pecado!
ADELA *(cogiéndose el vientre)*. ¡No! ¡No!
BERNARDA. ¡Matadla! ¡Matadla!

Telón.

4 **la criatura:** Kreatur, Geschöpf.
7 **la trocha:** schmaler Weg, Pfad.
9 **estremecer:** (er)beben lassen.
10 **la vara:** Rute.
11 **el mango:** Stiel, Griff.
   el azadón: große Hacke.
14 **pisotear:** mit Füßen treten.
   la decencia: Anstand.

Acto tercero

Cuatro paredes blancas ligeramente azuladas del patio interior de la casa de Bernarda. Es de noche. El decorado ha de ser de una perfecta simplicidad. Las puertas iluminadas por la luz de los interiores dan un tenue fulgor a la escena.
En el centro, una mesa con un quinqué, donde están comiendo Bernarda y sus hijas. La Poncia las sirve. Prudencia está sentada aparte.
Al levantarse el telón hay un gran silencio, interrumpido por el ruido de platos y cubiertos.

PRUDENCIA. Ya me voy. Os he hecho una visita larga.
  (Se levanta.)
BERNARDA. Espérate, mujer. No nos vemos nunca.
PRUDENCIA. ¿Han dado el último toque para el rosario?
LA PONCIA. Todavía no.
  (Prudencia se sienta.)

---

2 **azulado/a:** bläulich.
3f. **el decorado:** Bühnenbild.
4 **la simplicidad:** Einfachheit.
5 **iluminado/a:** beleuchtet, angestrahlt.
  tenue: schwach, dünn.
6 **el fulgor:** Glanz, Schimmer.
7 **el quinqué:** Petroleumlampe.
15 **el toque:** Schlag, Berührung; hier: der Glockenschlag.
15f. **el rosario:** Rosenkranz.

BERNARDA. ¿Y tu marido cómo sigue?
PRUDENCIA. Igual.
BERNARDA. Tampoco lo vemos.
PRUDENCIA. Ya sabes sus costumbres. Desde que se peleó con sus hermanos por la herencia no ha salido por la puerta de la calle. Pone una escalera y salta las tapias y el corral.
BERNARDA. Es un verdadero hombre. ¿Y con tu hija?
PRUDENCIA. No la ha perdonado.
BERNARDA. Hace bien.
PRUDENCIA. No sé qué te diga. Yo sufro por esto.
BERNARDA. Una hija que desobedece deja de ser hija para convertirse en una enemiga.
PRUDENCIA. Yo dejo que el agua corra. No me queda más consuelo que refugiarme en la iglesia, pero como me estoy quedando sin vista tendré que dejar de venir para que no jueguen con una los chiquillos. *(Se oye un gran golpe dado en los muros.)* ¿Qué es eso?
BERNARDA. El caballo garañón, que está encerrado y da coces contra el muro. *(A voces.)* ¡Trabadlo y que salga al corral! *(En voz baja.)* Debe tener calor.
PRUDENCIA. ¿Vais a echarle las potras nuevas?

---

5 **la herencia:** Erbschaft.
7 **la tapia:** Mauer, Wand.
12 **desobedecer:** ungehorsam sein.
15 **refugiarse:** Zuflucht suchen.
17 **el chiquillo:** Kind.
20 **el caballo garañón:** Hengst.
21 **la coz:** Hufschlag.
   trabar: fesseln, festbinden.
23 **la potra:** Jungstute.

BERNARDA. Al amanecer.

PRUDENCIA. Has sabido acrecentar tu ganado.

BERNARDA. A fuerza de dinero y sinsabores.

LA PONCIA *(interrumpiendo).* Pero tiene la mejor manada de estos contornos. Es una lástima que esté bajo de precio.

BERNARDA. ¿Quieres un poco de queso y miel?

PRUDENCIA. Estoy desganada.

(Se oye otra vez el golpe.)

LA PONCIA. ¡Por Dios!

PRUDENCIA. Me ha retemblado dentro del pecho.

BERNARDA *(levantándose furiosa).* ¿Hay que decir las cosas dos veces? ¡Echadlo que se revuelque en los montones de paja! *(Pausa, y como hablando con los gañanes.)* Pues encerrad las potras en la cuadra, pero dejadlo libre, no sea que nos eche abajo las paredes. *(Se dirige a la mesa y se sienta otra vez.)* ¡Ay, qué vida!

PRUDENCIA. Bregando como un hombre.

BERNARDA. Así es.

(Adela se levanta de la mesa.)

¿Dónde vas?

ADELA. A beber agua.

---

2 **acrecentar:** vermehren.
3 **a fuerza de:** mittels, mit Hilfe von.
el sinsabor: Verdruss.
8 **desganado/a:** appetitlos, lustlos.
11 **retemblar:** beben.
13 **revolcarse:** sich wälzen.
14 **el montón de paja:** Heuhaufen (*la paja:* Stroh).
15 **la cuadra:** Stall.
19 **bregar:** sich abrackern, sich abmühen.

BERNARDA *(en voz alta)*. Trae un jarro de agua fresca.
(A Adela.) Puedes sentarte.
(Adela se sienta.)
PRUDENCIA. Y Angustias, ¿cuándo se casa?
BERNARDA. Vienen a pedirla dentro de tres días.
PRUDENCIA. ¡Estarás contenta!
ANGUSTIAS. ¡Claro!
AMELIA *(a Magdalena)*. Ya has derramado la sal.
MAGDALENA. Peor suerte que tienes no vas a tener.
AMELIA. Siempre trae mala sombra.
BERNARDA. ¡Vamos!
PRUDENCIA *(a Angustias)*. ¿Te ha regalado ya el anillo?
ANGUSTIAS. Mírelo usted. *(Se lo alarga.)*
PRUDENCIA. Es precioso. Tres perlas. En mi tiempo las perlas significaban lágrimas.
ANGUSTIAS. Pero ya las cosas han cambiado.
ADELA. Yo creo que no. Las cosas significan siempre lo mismo. Los anillos de pedida deben ser de diamantes.
PRUDENCIA. Es más propio.
BERNARDA. Con perlas o sin ellas, las cosas son como uno se las propone.
MARTIRIO. O como Dios dispone.
PRUDENCIA. Los muebles me han dicho que son preciosos.

---

1 **el jarro:** Krug.
5 **pedir alg.:** hier (fig.): um jds. Hand anhalten.
8 **derramar:** verschütten.
10 **traer mala sombra:** Unglück bringen.
13 **alargar:** ausstrecken; hier: zeigen.
18 **el añillo de pedida:** etwa: Verlobungsring.

BERNARDA. Dieciséis mil reales he gastado.
LA PONCIA *(interviniendo)*. Lo mejor es el armario de luna.
PRUDENCIA. Nunca vi un mueble de estos.
BERNARDA. Nosotras tuvimos arca.
PRUDENCIA. Lo preciso es que todo sea para bien.
ADELA. Que nunca se sabe.
BERNARDA. No hay motivo para que no lo sea.
(Se oyen lejanísimas unas campanas.)
PRUDENCIA. El último toque. *(A Angustias.)* Ya vendré a que me enseñes la ropa.
ANGUSTIAS. Cuando usted quiera.
PRUDENCIA. Buenas noches nos dé Dios.
BERNARDA. Adiós, Prudencia.
LAS CINCO A LA VEZ. Vaya usted con Dios.
(Pausa. Sale Prudencia.)
BERNARDA. Ya hemos comido.
(Se levantan.)
ADELA. Voy a llegarme hasta el portón para estirar las piernas y tomar un poco de fresco.
(Magdalena se sienta en una silla baja retrepada contra la pared.)
AMELIA. Yo voy contigo.
MARTIRIO. Y yo.
ADELA *(con odio contenido)*. No me voy a perder.

---

1 **el real:** span. Münze, veraltet: 25 Céntimos.
2 **intervenir:** teilnehmen, eingreifen.
2f. **el armario de luna:** Spiegelschrank.
19 **estirar:** (aus)strecken.
20 **el fresco:** Frische; hier: frische Luft.
21 **retrepar:** zurücklehnen.

AMELIA. La noche quiere compañía.
(Salen. Bernarda se sienta y Angustias está arreglando la mesa.)
BERNARDA. Ya te he dicho que quiero que hables con tu hermana Martirio. Lo que pasó del retrato fue una broma y lo debes olvidar.
ANGUSTIAS. Usted sabe que ella no me quiere.
BERNARDA. Cada uno sabe lo que piensa por dentro. Yo no me meto en los corazones, pero quiero buena fachada y armonía familiar. ¿Lo entiendes?
ANGUSTIAS. Sí.
BERNARDA. Pues ya está.
MAGDALENA *(casi dormida)*. Además, ¡si te vas a ir antes de nada! *(Se duerme.)*
ANGUSTIAS. Tarde me parece.
BERNARDA. ¿A qué hora terminaste anoche de hablar?
ANGUSTIAS. A las doce y media.
BERNARDA. ¿Qué cuenta Pepe?
ANGUSTIAS. Yo lo encuentro distraído. Me habla siempre como pensando en otra cosa. Si le pregunto qué le pasa, me contesta: «Los hombres tenemos nuestras preocupaciones.»
BERNARDA. No le debes preguntar. Y cuando te cases, menos. Habla si él habla y míralo cuando te mire. Así no tendrás disgustos.
ANGUSTIAS. Yo creo, madre, que él me oculta muchas cosas.
BERNARDA. No procures descubrirlas, no le preguntes y, desde luego, que no te vea llorar jamás.

---

10 **la armonía:** Harmonie, Einklang.

ANGUSTIAS. Debía estar contenta y no lo estoy.
BERNARDA. Eso es lo mismo.
ANGUSTIAS. Muchas veces miro a Pepe con mucha fijeza y se me borra a través de los hierros, como si lo tapara una nube de polvo de las que levantan los rebaños.
BERNARDA. Eso son cosas de debilidad.
ANGUSTIAS. ¡Ojalá!
BERNARDA. ¿Viene esta noche?
ANGUSTIAS. No. Fue con su madre a la capital.
BERNARDA. Así nos acostaremos antes. ¡Magdalena!
ANGUSTIAS. Está dormida.
(Entran Adela, Martirio y Amelia.)
AMELIA. ¡Qué noche más oscura!
ADELA. No se ve a dos pasos de distancia.
MARTIRIO. Una buena noche para ladrones, para el que necesita escondrijo.
ADELA. El caballo garañón estaba en el centro del corral ¡blanco! Doble de grande, llenando todo lo oscuro.
AMELIA. Es verdad. Daba miedo. Parecía una aparición.
ADELA. Tiene el cielo unas estrellas como puños.
MARTIRIO. Esta se puso a mirarlas de modo que se iba a tronchar el cuello.

---

3 f. **mirar con fijeza a alg.:** jdn. anstarren (*la fijeza:* Festigkeit).
4 **borrarse:** verwischen; hier: nicht mehr erkennen.
5 **tapar:** bedecken, zudecken.
7 **la debilidad:** Schwäche.
17 **el escondrijo:** Versteck, Schlupfwinkel.
21 f. **la aparición:** Erscheinung, Geist.
25 **tronchar:** abknicken; hier: brechen.

ADELA. ¿Es que no te gustan a ti?

MARTIRIO. A mí las cosas de tejas arriba no me importan nada. Con lo que pasa dentro de las habitaciones tengo bastante.

ADELA. Así te va a ti.

BERNARDA. A ella le va en lo suyo como a ti en lo tuyo.

ANGUSTIAS. Buenas noches.

ADELA. ¿Ya te acuestas?

ANGUSTIAS. Sí. Esta noche no viene Pepe. *(Sale.)*

ADELA. Madre, ¿por qué cuando se corre una estrella o luce un relámpago se dice:

Santa Bárbara bendita,
que en el cielo estás escrita
con papel y agua bendita?

BERNARDA. Los antiguos sabían muchas cosas que hemos olvidado.

AMELIA. Yo cierro los ojos para no verlas.

ADELA. Yo, no. A mí me gusta ver correr lleno de lumbre lo que está quieto y quieto años enteros.

MARTIRIO. Pero estas cosas nada tienen que ver con nosotros.

BERNARDA. Y es mejor no pensar en ellas.

ADELA. ¡Qué noche más hermosa! Me gustaría quedarme hasta muy tarde para disfrutar el fresco del campo.

---

2 **de tejas arriba** (fig.): den Himmel betreffend, übernatürlich (*la teja*: Dachziegel).
12 **lucir**: leuchten, scheinen.
15 **bendito/a**: gesegnet.
19 f. **el lumbre**: Feuer, Licht.

BERNARDA. Pero hay que acostarse. ¡Magdalena!
AMELIA. Está en el primer sueño.
BERNARDA. ¡Magdalena!
MAGDALENA *(disgustada)*. ¡Déjame en paz!
BERNARDA. ¡A la cama!
MAGDALENA *(levantándose malhumorada)*. ¡No la dejáis a una tranquila! *(Se va refunfuñando.)*
AMELIA. Buenas noches. *(Se va.)*
BERNARDA. Andar vosotras también.
MARTIRIO. ¿Cómo es que esta noche no viene el novio de Angustias?
BERNARDA. Fue de viaje.
MARTIRIO *(mirando a Adela)*. ¡Ah!
ADELA. Hasta mañana. *(Sale.)*
(Martirio bebe agua y sale lentamente, mirando hacia la puerta del corral.)
LA PONCIA *(saliendo)*. ¿Estás todavía aquí?
BERNARDA. Disfrutando este silencio y sin lograr ver por parte alguna «la cosa tan grande» que aquí pasa, según tú.
LA PONCIA. Bernarda, dejemos esa conversación.
BERNARDA. En esta casa no hay ni un sí ni un no. Mi vigilancia lo puede todo.
LA PONCIA. No pasa nada por fuera. Eso es verdad. Tus hijas están y viven como metidas en alacenas. Pero ni tú ni nadie puede vigilar por el interior de los pechos.
BERNARDA. Mis hijas tienen la respiración tranquila.

---

4 **disgustado/a:** unwilling.
6 **malhumorado/a:** schlecht gelaunt.
7 **refunfuñar:** murren, brummen.

LA PONCIA. Eso te importa a ti, que eres su madre. A mí, con servir tu casa tengo bastante.

BERNARDA. Ahora te has vuelto callada.

LA PONCIA. Me estoy en mi sitio, y en paz.

BERNARDA. Lo que pasa es que no tienes nada que decir. Si en esta casa hubiera hierbas ya te encargarías de traer a pastar las ovejas del vecindario.

LA PONCIA. Yo tapo más de lo que te figuras.

BERNARDA. ¿Sigue tu hijo viendo a Pepe a las cuatro de la mañana? ¿Siguen diciendo todavía la mala letanía de esta casa?

LA PONCIA. No dicen nada.

BERNARDA. Porque no pueden. Porque no hay carne donde morder. A la vigilancia de mis ojos se debe esto.

LA PONCIA. Bernarda, yo no quiero hablar porque temo tus intenciones. Pero no estés segura.

BERNARDA. ¡Segurísima!

LA PONCIA. A lo mejor, de pronto, cae un rayo. A lo mejor, de pronto, un golpe te para el corazón.

BERNARDA. Aquí no pasa nada. Ya estoy alerta contra tus suposiciones.

LA PONCIA. Pues mejor para ti.

BERNARDA. ¡No faltaba más!

CRIADA *(entrando)*. Ya terminé de fregar los platos. ¿Manda usted algo, Bernarda?

---

7 **pastar:** weiden, grasen lassen.
   el vecindario: Nachbarschaft.
8 **figurarse:** sich vorstellen, sich denken.
10f. **la mala letanía:** hier: Gerede, Klatsch.
21 **alerta** (adv.): wachsam, aufmerksam.
22 **la suposición:** Vermutung; hier eher: Unterstellung.

BERNARDA *(levantándose).* Nada. Voy a descansar.
LA PONCIA. ¿A qué hora quieres que te llame?
BERNARDA. A ninguna. Esta noche voy a dormir bien. *(Se va.)*
LA PONCIA. Cuando una no puede con el mar lo más fácil es volver las espaldas para no verlo.
CRIADA. Es tan orgullosa que ella misma se pone una venda en los ojos.
LA PONCIA. Yo no puedo hacer nada. Quise atajar las cosas, pero ya me asustan demasiado. ¿Tú ves este silencio? Pues hay una tormenta en cada cuarto. El día que estallen nos barrerán a todos. Yo he dicho lo que tenía que decir.
CRIADA. Bernarda cree que nadie puede con ella y no sabe la fuerza que tiene un hombre entre mujeres solas.
LA PONCIA. No es toda la culpa de Pepe el Romano. Es verdad que el año pasado anduvo detrás de Adela y esta estaba loca por él, pero ella debió estarse en su sitio y no provocarlo. Un hombre es un hombre.
CRIADA. Hay quien cree que habló muchas veces con Adela.
LA PONCIA. Es verdad. *(En voz baja.)* Y otras cosas.
CRIADA. No sé lo que va a pasar aquí.
LA PONCIA. A mí me gustaría cruzar el mar y dejar esta casa de guerra.
CRIADA. Bernarda está aligerando la boda y es posible que nada pase.

---

9 **atajar:** hier: fernhalten, abhalten.
28 **aligerar:** beschleunigen, vorantreiben.

LA PONCIA. Las cosas se han puesto ya demasiado maduras. Adela está decidida a lo que sea y las demás vigilan sin descanso.

CRIADA. ¿Y Martirio también?

LA PONCIA. Esa es la peor. Es un pozo de veneno. Ve que el Romano no es para ella y hundiría el mundo si estuviera en su mano.

CRIADA. ¡Es que son malas!

LA PONCIA. Son mujeres sin hombre, nada más. En estas cuestiones se olvida hasta la sangre. ¡Chisss! *(Escucha.)*

CRIADA. ¿Qué pasa?

LA PONCIA *(se levanta)*. Están ladrando los perros.

CRIADA. Debe haber pasado alguien por el portón.

(Sale Adela en enaguas blancas y corpiño.)

LA PONCIA. ¿No te habías acostado?

ADELA. Voy a beber agua. *(Bebe en un vaso de la mesa.)*

LA PONCIA. Yo te suponía dormida.

ADELA. Me despertó la sed. Y vosotras, ¿no descansáis?

CRIADA. Ahora.

(Sale Adela.)

LA PONCIA. Vámonos.

CRIADA. Ganado tenemos el sueño. Bernarda no me deja descansar en todo el día.

LA PONCIA. Llévate la luz.

CRIADA. Los perros están como locos.

LA PONCIA. No nos van a dejar dormir. *(Salen.)*

---

6 **hundir:** versenken; hier: zerstören.
15 **el corpiño:** Mieder, Leibchen.

(La escena queda casi a oscuras. Sale María Josefa con una oveja en los brazos.)

MARÍA JOSEFA.
    Ovejita, niño mío,
    vámonos a la orilla del mar.
    La hormiguita estará en su puerta,
    yo te daré la teta y el pan.

    Bernarda,
    cara de leoparda.
    Magdalena,
    cara de hiena.
    ¡Ovejita!
    Meee, meeee.
    Vamos a los ramos del portal de Belén.

    Ni tú ni yo queremos dormir;
    la puerta sola se abrirá
    y en la playa nos meteremos
    en una choza de coral.

    Bernarda,
    cara de leoparda.

---

4 **la ovejita:** Schäfchen.
6 **la hormiguita:** Ameise; hier etwa (fig.): fleißiges Bienchen.
7 **la teta:** Brust (zum Stillen).
9 **la leoparda:** Leopardin.
11 **la hiena:** Hyäne.
13 **mee** (onom.): Mäh (Blöken des Schafes).
14 **el portal** (rel.): Krippe.
   Belén: Bethlehem.
18 **el coral:** Koralle.

Magdalena,
cara de hiena.
¡Ovejita!
Meee, meeee.
Vamos a los ramos del portal de Belén.
(Se va cantando.)

(Entra Adela. Mira a un lado y otro con sigilo y desaparece por la puerta del corral. Sale Martirio por otra puerta y queda en angustioso acecho en el centro de la escena. También va en enaguas. Se cubre con un pequeño mantón negro de talle. Sale por enfrente de ella María Josefa.)

MARTIRIO. Abuela, ¿dónde va usted?
MARÍA JOSEFA. ¿Vas a abrirme la puerta? ¿Quién eres tú?
MARTIRIO. ¿Cómo está aquí?
MARÍA JOSEFA. Me escapé. ¿Tú quién eres?
MARTIRIO. Vaya a acostarse.
MARÍA JOSEFA. Tú eres Martirio, ya te veo. Martirio, cara de Martirio. ¿Y cuándo vas a tener un niño? Yo he tenido este.
MARTIRIO. ¿Dónde cogió esa oveja?
MARÍA JOSEFA. Ya sé que es una oveja. Pero ¿por qué una oveja no va a ser un niño? Mejor es tener una oveja que no tener nada. Bernarda, cara de leoparda. Magdalena, cara de hiena.

---

7 **con sigilo:** etwa: verstohlen.
9 **angustioso/a:** angstvoll.
   el acecho: Lauern.
11 **el mantón:** Umhangtuch.

MARTIRIO. No dé voces.

MARÍA JOSEFA. Es verdad. Está todo muy oscuro. Como tengo el pelo blanco crees que no puedo tener crías, y sí, crías y crías y crías. Este niño tendrá el pelo blanco y tendrá otro niño y éste otro, y todos con el pelo de nieve, seremos como las olas, una y otra y otra. Luego nos sentaremos todos y todos tendremos el cabello blanco y seremos espuma. ¿Por qué aquí no hay espumas? Aquí no hay más que mantos de luto.

MARTIRIO. Calle, calle.

MARÍA JOSEFA. Cuando mi vecina tenía un niño yo le llevaba chocolate y luego ella me lo traía a mí y así siempre, siempre, siempre. Tú tendrás el pelo blanco, pero no vendrán las vecinas. Yo tengo que marcharme, pero tengo miedo que los perros me muerdan. ¿Me acompañarás tú a salir al campo? Yo quiero campo. Yo quiero casas, pero casas abiertas y las vecinas acostadas en sus camas con sus niños chiquitos y los hombres fuera sentados en sus sillas. Pepe el Romano es un gigante. Todas lo queréis. Pero él os va a devorar porque vosotras sois granos de trigo. No granos de trigo. ¡Ranas sin lengua!

MARTIRIO. Vamos. Váyase a la cama. *(La empuja.)*

MARÍA JOSEFA. Sí, pero luego tú me abrirás, ¿verdad?

MARTIRIO. De seguro.

---

8 **la espuma:** Schaum.
10 **el manto:** Umhang, Schleier.
20 **chiquito/a:** klein.
22 **devorar:** verschlingen.

MARÍA JOSEFA *(llorando).*
>   Ovejita, niño mío,
>   vámonos a la orilla del mar.
>   La hormiguita estará en su puerta,
>   yo te daré la teta y el pan.

(Martirio cierra la puerta por donde ha salido María Josefa y se dirige a la puerta del corral. Allí vacila, pero avanza dos pasos más.)

MARTIRIO *(en voz baja).* Adela. *(Pausa. Avanza hasta la misma puerta. En voz alta.)* ¡Adela!

(Aparece Adela. Viene un poco despeinada.)

ADELA. ¿Por qué me buscas?

MARTIRIO. ¡Deja a ese hombre!

ADELA. ¿Quién eres tú para decírmelo?

MARTIRIO. No es ese el sitio de una mujer honrada.

ADELA. ¡Con qué ganas te has quedado de ocuparlo!

MARTIRIO *(en voz alta).* Ha llegado el momento de que yo hable. Esto no puede seguir así.

ADELA. Esto no es más que el comienzo. He tenido fuerza para adelantarme. El brío y el mérito que tú no tienes. He visto la muerte debajo de estos techos y he salido a buscar lo que era mío, lo que me pertenecía.

MARTIRIO. Ese hombre sin alma vino por otra. Tú te has atravesado.

ADELA. Vino por el dinero, pero sus ojos los puso siempre en mí.

---

7 **vacilar:** zögern, unschlüssig sein.
11 **despeinado/a:** zerzaust, ungekämmt.
20 **el brío:** Schwung, Feuer, Anmut.

MARTIRIO. Yo no permitiré que lo arrebates. El se casará con Angustias.

ADELA. Sabes mejor que yo que no la quiere.

MARTIRIO. Lo sé.

ADELA. Sabes, porque lo has visto, que me quiere a mí.

MARTIRIO *(despechada)*. Sí.

ADELA *(acercándose)*. Me quiere a mí. Me quiere a mí.

MARTIRIO. Clávame un cuchillo si es tu gusto, pero no me lo digas más.

ADELA. Por eso procuras que no vaya con él. No te importa que abrace a la que no quiere; a mí, tampoco. Ya puede estar cien años con Angustias, pero que me abrace a mí se te hace terrible, porque tú lo quieres también, lo quieres.

MARTIRIO *(dramática)*. ¡Sí! Déjame decirlo con la cabeza fuera de los embozos. ¡Sí! Déjame que el pecho se me rompa como una granada de amargura. ¡Le quiero!

ADELA *(en un arranque y abrazándola)*. Martirio, Martirio, yo no tengo la culpa.

MARTIRIO. ¡No me abraces! No quieras ablandar mis ojos. Mi sangre ya no es la tuya. Aunque quisiera

---

1 **arrebatar:** entreißen; hier: ausspannen.
7 **despechado/e:** verbittert.
18 **el embozo:** Kopfteil der Bettdecke.
19 **la granada:** Granate.
   la amargura: Verbitterung.
21 **el arranque:** Anlaufen, Anlassen; hier (fig.): Aufwallung, Anwandlung.
23 **ablandar:** mildern; hier: besänftigen, sich erweichen lassen.

verte como hermana, no te miro ya más que como mujer. *(La rechaza.)*

ADELA. Aquí no hay ningún remedio. La que tenga que ahogarse que se ahogue. Pepe el Romano es mío. El me lleva a los juncos de la orilla.

MARTIRIO. ¡No será!

ADELA. Ya no aguanto el horror de estos techos después de haber probado el sabor de su boca. Seré lo que él quiera que sea. Todo el pueblo contra mí, quemándome con sus dedos de lumbre, perseguida por los que dicen que son decentes, y me pondré la corona de espinas que tienen las que son queridas de algún hombre casado.

MARTIRIO. ¡Calla!

ADELA. Sí. Sí. *(En voz baja.)* Vamos a dormir, vamos a dejar que se case con Angustias, ya no me importa, pero yo me iré a una casita sola donde él me verá cuando quiera, cuando le venga en gana.

MARTIRIO. Eso no pasará mientras yo tenga una gota de sangre en el cuerpo.

ADELA. No a ti, que eres débil; a un caballo encabritado soy capaz de poner de rodillas con la fuerza de mi dedo meñique.

MARTIRIO. No levantes esa voz que me irrita. Tengo el corazón lleno de una fuerza tan mala, que, sin quererlo yo, a mí misma me ahoga.

---

5 **el junco:** Schilf.
17 **la casita:** kleines Haus.
18 **la gana:** Lust.
21f. **encabritado/a:** aufgebäumt.
23 **el meñique:** kleiner Finger.

ADELA. Nos enseñan a querer a las hermanas. Dios me ha debido dejar sola en medio de la oscuridad, porque te veo como si no te hubiera visto nunca.
(Se oye un silbido y Adela corre a la puerta, pero Martirio se le pone delante.)
MARTIRIO. ¿Dónde vas?
ADELA. ¡Quítate de la puerta!
MARTIRIO. ¡Pasa si puedes!
ADELA. ¡Aparta! *(Lucha.)*
MARTIRIO *(a voces)*. ¡Madre, madre!
(Aparece Bernarda. Sale en enaguas, con un mantón negro.)
BERNARDA. Quietas, quietas. ¡Qué pobreza la mía, no poder tener un rayo entre los dedos!
MARTIRIO *(señalando a Adela)*. ¡Estaba con él! ¡Mira esas enaguas llenas de paja de trigo!
BERNARDA. ¡Esa es la cama de las mal nacidas! *(Se dirige furiosa hacia Adela.)*
ADELA *(haciéndole frente)*. ¡Aquí se acabaron las voces de presidio! *(Adela arrebata un bastón a su madre y lo parte en dos.)* Esto hago yo con la vara de la dominadora. No dé usted un paso más. En mí no manda nadie más que Pepe.
MAGDALENA *(saliendo)*. ¡Adela!
(Salen La Poncia y Angustias.)
ADELA. Yo soy su mujer. *(A Angustias.)* Entérate tú y ve al corral a decírselo. El dominará toda esta

---

4 **el silbido:** Pfiff.
20 **el presidio:** Gefängnis.
21 **partir:** teilen; hier: brechen, entzweien.
22 **la dominadora:** Herrscherin.

casa. Ahí fuera está, respirando como si fuera un león.

ANGUSTIAS. ¡Dios mío!

BERNARDA. ¡La escopeta! ¿Dónde está la escopeta? *(Sale corriendo.)*

(Sale detrás Martirio. Aparece Amelia por el fondo, que mira aterrada con la cabeza sobre la pared.)

ADELA. ¡Nadie podrá conmigo! *(Va a salir.)*

ANGUSTIAS *(sujetándola)*.

De aquí no sales tú con tu cuerpo en triunfo, ¡Ladrona! ¡Deshonra de nuestra casa!

MAGDALENA. ¡Déjala que se vaya donde no la veamos nunca más!

(Suena un disparo.)

BERNARDA *(entrando)*. Atrévete a buscarlo ahora.

MARTIRIO *(entrando)*. Se acabó Pepe el Romano.

ADELA. ¡Pepe! ¡Dios mío! ¡Pepe! *(Sale corriendo.)*

LA PONCIA. ¿Pero lo habéis matado?

MARTIRIO. No. Salió corriendo en su jaca.

BERNARDA. No fue culpa mía. Una mujer no sabe apuntar.

MAGDALENA. ¿Por qué lo has dicho entonces?

MARTIRIO. ¡Por ella! Hubiera volcado un río de sangre sobre su cabeza.

LA PONCIA. Maldita.

---

4 **la escopeta:** Gewehr.
7 **aterrado/a:** Schrecken erregend.
9 **sujetar:** festhalten.
11 **la deshonra:** Schande.
14 **el disparo:** Schuss.
21 **apuntar:** zielen.
23 **volcar:** umwerfen; hier: auskippen.

MAGDALENA. ¡Endemoniada!

BERNARDA. Aunque es mejor así. *(Suena un golpe.)* ¡Adela, Adela!

LA PONCIA *(en la puerta)*. ¡Abre!

BERNARDA. Abre. No creas que los muros defienden de la vergüenza.

CRIADA *(entrando)*. ¡Se han levantado los vecinos!

BERNARDA *(en voz baja como un rugido)*. ¡Abre, porque echaré abajo la puerta!

(Pausa. Todo queda en silencio.)

¡Adela! *(Se retira de la puerta.)* ¡Trae un martillo! *(La Poncia da un empujón y entra. Al entrar da un grito y sale.)*

¿Qué?

LA PONCIA *(se lleva las manos al cuello)*. ¡Nunca tengamos ese fin!

(Las hermanas se echan hacia atrás. La criada se santigua. Bernarda da un grito y avanza.)

LA PONCIA. ¡No entres!

BERNARDA. No. ¡Yo no! Pepe, tú irás corriendo vivo por lo oscuro de las alamedas, pero otro día caerás. ¡Descolgarla! ¡Mi hija ha muerto virgen! Llevadla a su cuarto y vestirla como una doncella. ¡Nadie diga nada! Ella ha muerto virgen. Avisad que al amanecer den dos clamores las campanas.

---

1 **endemoniado/a:** vom Teufel besessen.
8 **el rugido:** Knurren, Tiergebrüll.
11 **el martillo:** Hammer.
21 **la alameda:** Allee.
22 **virgen:** jungfräulich.
23 **la doncella:** Mädchen, Jungfrau.

MARTIRIO. Dichosa ella mil veces que lo pudo tener.
BERNARDA. Y no quiero llantos. La muerte hay que mirarla cara a cara. ¡Silencio! *(A otra hija.)* ¡A callar he dicho! *(A otra hija.)* ¡Las lágrimas cuando estés sola! Nos hundiremos todas en un mar de luto. Ella, la hija menor de Bernarda Alba, ha muerto virgen. ¿Me habéis oído? ¡Silencio, silencio he dicho! ¡Silencio!

Telón.

---

1 **dichoso/a:** glücklich.
2 **el llanto:** Gejammer.

Editorische Notiz

Der spanische Text folgt der Ausgabe: Federico García Lorca, *Obras completas*, recopilación y notas de Arturo de Hoyo, prólogo de Jorge Guillén, epílogo de Vicente Aleixandre, Madrid: Aguilar, [16]1971. Das Glossar enthält alle Wörter, die nicht in der Wortschatzsammlung *Thematischer Grund- und Aufbauwortschatz Spanisch* (Stuttgart: Klett, 2001) enthalten sind. Dabei wird der Grundwortschatz in der Regel als bekannt vorausgesetzt; Wörter, die zum Aufbauwortschatz zählen, sind im Zweifelsfall hier erklärt, so dass dieser sprachlich relativ einfache Text auch für Leser mit eher geringen Spanischkenntnissen verständlich sein sollte.

Im Glossar verwendete spanische Abkürzungen

alg.	alguien, alguno (jemand)
adv.	adverbio
f.	femenino
fam.	lenguaje familiar (umgangssprachlich)
fig.	sentido figurado (übertragen, sinnbildlich)
m.	masculino
pl.	plural
onom.	onomatopeya (Onomatopöie, lautmalerischer Ausdruck)
pey.	peyorativo (abwertend)
rel.	religión (Religion)
vulg.	lenguaje vulgar (vulgär)

Literaturhinweise

Werke von Federico García Lorca

Gedichte

Libro de poemas (1921)
Oda a Salvador Dalí (1926; in: *Revista de Occidente*)
Canciones (1927)
Romancero gitano (1928)
Poema del cante jondo (1931)
Seis poemas gallegos (1935)
Llanto por Ignacio Sánchez Mejías (1935)
Primeras canciones (1936)
Tierra y Luna (1936)
Poemas en prosa (1936)
Poeta en Nueva York (1940)

Theater

El maleficio de la mariposa (1920)
La tragicomedia de Don Cristóbal y la señá Rosita (1923)
La niña que riega la albahaca y el príncipe preguntón (1923)
Mariana Pineda (1925)
El paseo de Buster Keaton (1928)
La doncella. El marinero y el estudiante (1928)
Quimera (1928)
El amor de Don Perlimpín con Belisa en su jardín (1928)
La zapatera prodigiosa (1930)
El público (1930)
Retablillo de Don Cristóbal (1931)
Así pasen cinco años (1931)
Bodas de sangre (1933)
Yerma (1934)
Doña Rosita la soltera (1935)
La casa de Bernarda Alba (1936)

Ausgaben

Obras completas. Pról. y sel. de Guillermo de Torre. 7 Bde. Buenos Aires: Losada, 1938–42.

Obras completas. Recop. y notas de Arturo de Hoyo. Pról. de Jorge Guillén. Epíl. de Vicente Aleixandre. Madrid: Aguilar, 1954.

La casa de Bernarda Alba. Buenos Aires: Losada, 1945. [Erstausgabe.]

La casa de Bernarda Alba. Edición de Allen Josephs y Juan Caballero. Madrid: Cátedra, 1976. (Letras Hispánicas. 43.)

La casa de Bernarda Alba. Con cuadros cronológicos, introducción, bibligrafía. A cargo de Miguel García-Posade. Madrid: Castalia, 1984. (Castalia didáctica. 3.)

Bernarda Albas Haus. Aus dem Span. übers. von Hans Magnus Enzensberger. Stuttgart: Reclam, 2001. (Reclams Universal-Bibliothek. 8525.)

Sekundärliteratur

Floeck, Wilfried: Federico García Lorca. La casa de Bernarda Alba. In: V. Roloff / H. Wentzlaff-Eggebert (Hrsg.): Das spanische Theater. Vom Mittelalter bis zur Gegenwart. Düsseldorf 1988. S. 370–383.

– (Hrsg.): Spanisches Theater im 20. Jahrhundert. Gestalten und Tendenzen. Tübingen 1990.

– Estudios críticos sobre el teatro español del siglo XX. Tübingen 2003.

Franzbach, Martin: Geschichte der spanischen Literatur im Überblick. Stuttgart 2002. (Reclams Universal-Bibliothek. 8861.)

García-Posada, Miguel: Federico García Lorca. In: Ecos 7/1994. S. 6–11.

Gibson, Ian: Federico García Lorca. Eine Biographie. Aus dem Engl. von Bernhard Straub. Frankfurt a. M. 1991.

Ibáñez, Miguel: Federico García Lorca. In: Ecos 6/1998. S. 50–53.

Kreutzer, Winfried: Grundzüge der spanischen Literatur des 19. und 20. Jahrhunderts. Darmstadt 1982.

Rogmann, Horst: García Lorca. Darmstadt 1981. (Erträge der Forschung. 158.)

Serrano Carrasco, Cristina: La Casa de Bernarda Alba. Barcelona 1989. (Apuntes Cúpula.)

Vences, Ursula: Film und Video im Fremdsprachenunterricht am Beispiel von zwei gefilmten Szenen aus »La Casa de Bernarda Alba« von F. García Lorca. In: Hispanorama 79. 1998. S. 42–45.

Nachwort

Federico García Lorca wird am 5. Juni 1898 in dem kleinen andalusischen Dorf Fuente Vaqueros in der Nähe von Granada als Sohn des wohlhabenden Landbesitzers Federico García Rodríguez und der Lehrerin Vicenta Lorca Romero geboren. Er soll einer der bedeutendsten Dichter des 20. Jahrhunderts werden.

Lorcas Kreativität zeigt sich schon früh: es wird berichtet, dass er als Kind mit toten Gegenständen lange Unterhaltungen führt. Von Kindesbeinen an interessiert er sich für die Musik, was sein Gespür für Rhythmik fördert. Als Heranwachsender beginnt er Gedichte zu schreiben, die er öffentlich vorträgt. Ab 1909 besucht er die höhere Schule in Granada. Später studiert er an der dortigen Universität Jurisprudenz und Literatur, gibt bald jedoch die Rechtswissenschaften auf und widmet sich ausschließlich der Kunst, dem Theater und der Literatur. Vom künstlerischen, intellektuellen Ambiente der andalusischen Kapitale fühlt sich der junge Federico angezogen. Im Café Alameda trifft Lorca Literaten und Künstler wie Manuel de Falla, Fernando de los Ríos, Herbert George Wells und Rudyard Kipling. Inspiriert vom Umfeld veröffentlicht er 1918 seinen ersten Prosaband *Impresiones y paisajes*.

Im Jahre 1919 geht er nach Madrid, um sein Studium fortzusetzen. Er wohnt im Studentenheim »Residencia de Estudiantes«, wo er Kontakt zu jungen Künstlern wie François Mauriac, Juan Ramón Jiménez, Salvador Dalí oder Luis Buñuel findet, die ihn nachhaltig prägen und durch die er moderne Kunstströmungen (Dadaismus, Ultraismus und besonders Surrealismus) kennenlernt. Im studentischen Milieu fallen seine literarischen Anfangswerke auf fruchtbaren Boden. Sein erstes Bühnenstück *El maleficio de la mariposa* erscheint 1920; die Aufführung im Madrider Theater Eslava unter dem Regisseur Gregorio Martínez Sierra ist allerdings nicht von Erfolg gekrönt. Ein Jahr später erscheint eine Gedichtsammlung mit dem Titel *Libro de poemas*; es handelt sich um eine Sammlung von etwa 70 Gedichten aus der Zeit von 1918 bis 1920.

Lorca bereitet sich auf einen Flamenco-Wettbewerb im Juni 1922 vor, ein Festival für Interpreten des »cante jondo«, des echten Flamenco aus Andalusien. Inspiriert vom »cante jondo« schreibt Lorca eine Reihe von Gedichten, die zum Festival erscheinen sollen; in Buchform werden sie allerdings erst 1931 veröffentlicht.

1927 wird sein Theaterstück *Mariana Pineda* uraufgeführt. Gleichzeitig schreibt er Beiträge für das angesehene Literaturblatt *Revista de Occidente*. 1928 gründet er eine eigene Zeitschrift mit dem Namen *Gallo*. Lorcas Bekanntheitsgrad nimmt unaufhaltsam zu.

Im gleichen Jahr veröffentlicht Lorca den *Romancero gitano*, einen Zyklus von achtzehn Romanzen, die den Freiheitsdrang der einfachen Leute (häufig Zigeuner) gegen die mächtige, reglementierende Obrigkeit (Klerus, Ordnungskräfte, z. B. Polizei) thematisiert. Das Buch ist sofort nach Erscheinen ein durchschlagender Erfolg.

1929 reist Lorca für neun Monate nach New York, wo er als Englischstudent an der Columbia University eingeschrieben ist. Sein eigentliches Interesse gilt aber auch hier eher den kulturellen Verlockungen wie Kino, Theater und Museen. Ebenso hält er eigene Lesungen und Vorträge. In dieser Zeit entsteht sein Gedichtzyklus *Poeta en Nueva York*, der aber erst 1940 veröffentlicht wird.

Im März 1930 besucht Lorca für drei Monate Kuba, ein Land, das ihn seit seiner Kindheit fasziniert hat. Während seines Aufenthaltes hält er mehrere Vorträge, die in den Zeitungen Havannas verbreitet werden und den Besuch des Dichters zu einem bedeutenden kulturellen Ereignis machen. Dennoch bleiben die kubanischen Reaktionen auf sein Schaffen nicht ungeteilt. Das gilt besonders für den *Romancero gitano*, dessen zuweilen stark erotische Züge die Tabugrenzen jener Zeit berühren. Fortschrittlich denkende Kreise dagegen sehen in Lorca den Vertreter einer neuen spanischen Dichtergeneration.

Als er im Sommer des gleichen Jahres nach Granada zurückkehrt, wird er in der spanischen Presse wegen seines großen Erfolgs in Übersee gebührend gefeiert. Beeinflusst von den Kulturerfahrungen seines USA-Aufenthaltes schreibt er im Jahr darauf die Stücke *Así que pasen cinco años* und *El público*.

Nach dem Ende der Diktatur Primo de Riveras (1923–30) und mit dem neuen liberalen Wind der Zweiten Republik wird Lorca zum Leiter der studentischen Wanderbühne »La Barraca« ernannt. Im öffentlichen Auftrag werden u. a. die Klassiker des Siglo de Oro, dem sogenannten »goldenen Zeitalter« des 16. und 17. Jahrhunderts, in der spanischen Provinz zur allgemeinen Volksbildung aufgeführt. Darüber hinaus nutzt Lorca die Reiseaktivitäten zu Vorträgen und Lesungen seiner eigenen Werke.

Neben den Klassikern von Lope de Vega, Pedro Calderón de la Barca und Miguel de Cervantes werden von »La Barraca« auch Lorcas sogenannte ländliche Tragödien *Bodas de Sangre* (1933) und *Yerma* (1934) auf die Bühne gebracht. Das dritte und letzte dieser Stücke, *La casa de Bernarda Alba* (1936), wurde allerdings erst Jahre nach Lorcas Tod im März 1945 in Buenos Aires uraufgeführt. Sein Ruf als einer der bedeutendsten spanischen Dramatiker beruht in erster Linie auf dieser Tragödientrilogie, die aufgrund der Tatsache, dass die Handlung im ländlichen Umfeld spielt, häufig auch als »Bauerntrilogie« bezeichnet wird.

Der Stoff der ersten dieser Tragödien, *Bodas de sangre*, basiert auf einer Zeitungsmeldung über einen Brautraub in der Provinz Almería. Lorca setzt auf diesen Hintergrund die Geschichte zweier Bauernfamilien, welche die Hochzeit einer Braut vorbereiten, die aus finanziellen Gründen verheiratet werden soll. Sie flieht jedoch mit dem Mann, den sie wirklich liebt, der aber bereits verheiratet ist. Zwischen Gehörntem und Geliebtem kommt es zu einem für beide tödlich endenden Zweikampf. Zurück bleiben in Einsamkeit die klagenden und trauernden Frauen.

Lorca thematisiert den spannungsreichen inneren Konflikt der Frau, die scheinbar unausweichlich in bestehende Gesellschafts- und Herrschaftsstrukturen eingebunden ist, ohne ihrem freien Willen und ihren Gefühlen folgen zu können. Die Macht des Unausweichlichen, die Lorca mit mystischen Figuren und lyrischen Elementen in dieser Tragödie vorwegzunehmen versucht, macht die Personen zu scheinbar entmündigten Instrumenten des Schicksals. Daneben rekurriert er auf die Funktion der Ehre, die bereits im klassischen spanischen Theater von Bedeutung ist. Letztendlich ist es gerade die Verletzung der Ehre, die den tragischen Verlauf des Geschehens in Gang setzt.

Mit *Yerma* greift Lorca ein im spanischen Kulturbereich verbreitetes Thema auf, nämlich das der Mutterschaft. *Yerma* ist die Geschichte einer Frau, die sich ein Kind wünscht, in ihrer jungen Ehe aber nicht schwanger wird. Den gesellschaftlichen Zwängen, den Moralvorstellungen der Zeit und ihrem eigenen Ehrgefühl gehorchend, ist es Yerma unmöglich, den Gatten zu verlassen oder sich gar durch einen anderen Mann ihre Wünsche zu erfüllen. In einer gewalttätigen Auseinandersetzung ermordet sie schließlich ihren Ehemann.

Der Grund der unfreiwilligen Kinderlosigkeit mag vielfältiger Natur sein, bleibt im Stück selbst aber im Spekulativen. Zum einen handelt es sich bei dem Paar um keine wirkliche Liebesbeziehung; wir erfahren, dass Yerma von ihrem Vater verheiratet wurde. Zum anderen lässt sich die emotionale Kälte und Gleichgültigkeit des Gatten seiner Frau gegenüber als Erklärung heranziehen; fehlende Leidenschaft als Ursache der Unfruchtbarkeit?

Wie schon in *Bodas de sangre* greift Lorca auch hier die Thematik der Ehre auf, die zum konfliktreichen Verlauf der

Tragödie beiträgt. Im Glauben an die Kraft mythischer Mächte nimmt Yerma an einem nächtlichen Fruchtbarkeitszauber teil. Dessen Entdeckung führt zu einem öffentlichen Skandal, der den Ehemann in seiner Ehre tief verletzt.

Die öffentliche Reaktion auf das Werk lässt nicht lange auf sich warten. Besonders in konservativen Kreisen sieht man in dem Stück einen Angriff auf die traditionellen Wertvorstellungen in Spanien. Des Weiteren stelle es die Unnachgiebigkeit des durch die katholische Kirche stark geprägten Landes bloß. Auch übe es Kritik an dem übersteigerten Männlichkeitskonzept, dem »machismo«, das den Frauen die Gleichberechtigung versagt und sie dem Willen des Mannes unterjocht.

La casa de Bernarda Alba ist das dritte in der Reihe der bäuerlichen Tragödien und gleichzeitig Lorcas letztes Werk, und obwohl es zu seinen Lebzeiten nicht aufgeführt worden ist, gilt es bei den Kritikern als sein Meisterwerk.

Bildete der Ehrbegriff in den vorangegangenen Tragödien immer einen thematischen Bezug zur Geschichte, so entsteht in *La casa de Bernarda Alba* eine geradezu dramatische Auseinandersetzung mit dem spanischen Ehrenkodex, der »honra pública«.

Nach dem Tode ihres zweiten Mannes und dem feierlichen, mit allen kirchlichen und weltlichen Ehren abgehaltenen Begräbnis und endlosen Responsorien verordnet die herrische Witwe Bernarda Alba eine achtjährige Trauer über ihr Haus und ihre fünf Töchter Angustias, Magdalena, Amelia, Martirio und Adela. Als alleinige Beschäftigung dürfen die jungen Frauen in dem sommerheißen Haus, dessen Fenster und Türen vernagelt sind, an ihrer Aussteuer nähen, doch eine Hochzeit steht nur für die älteste und hässlichste, die neununddreißigjährige Angustias, in Aussicht, da ihr aus einer früheren Ehe ihres Vaters eine reiche Aussteuer hinterlassen wurde, die sie in die Lage versetzt, standesgemäß zu heiraten. Sie soll mit dem jungen Pepe el Romano vermählt werden.

Die lebenshungrigen jüngeren Töchter richten all ihr Sehnen und Begehren auf den fröhlichen, gutaussehenden Bewerber Pepe el Romano, der allabendlich vor dem Fenstergitter der mageren Angustias erscheint, um Bernarda zu täuschen, denn sein eigentliches Interesse gilt der schönen Adela, die ihn, unter ständiger Angst entdeckt zu werden, gleichwohl mit glühender Leidenschaft liebt. Ihren Gefühlen folgend gibt sie sich dem Verlobten ihrer älteren Schwester hin. Aus hasserfülltem Neid verrät die krüpplige Schwester Martirio das nächtliche Treffen der Mutter. Diese verjagt den jungen Liebhaber mit Gewehrsalven; er entkommt unverletzt. Um Adela ins Herz zu treffen, belügt Martirio ihre Schwester und macht sie glauben, Pepe sei tot. Voller Verzweifelung erhängt sich die junge Frau im Stall. Bernarda schwört Rache zu nehmen, bahrt den Leichnam ihrer Tochter prunkvoll auf, verpflichtet alle Angehörigen des Hauses zum Schweigen und bestimmt, dass ihre Tochter als Jungfrau gestorben sei.

Der Untertitel zu *La casa de Bernarda Alba* lautet »Drama de mujeres en los pueblos de España«, und in der Tat endet das Stück dramatisch. Auch zeigen die dargestellten Figuren, hier besonders Bernarda und Adela, äußerst tragische Züge. Sie sind Opfer ihrer eigenen Leidenschaften, unfähig sie zu kanalisieren und ihr Leben entsprechend zu lenken: die eine folgt trotz verordneter Isolation ihrer lodernden, auf Pepe gerichteten sexuellen Begierde, die sie, nachdem sie den Ehrenkodex gebrochen hat, in den Tod treibt.

Die andere, versessen, die öffentliche Ehre des Hauses zu wahren, fordert mit unerbitterlicher Herzenskälte blinden Gehorsam von ihrer Familie für einen Ehrbegriff, der sich in Äußerlichkeiten erschöpft, in einer sauberen Fassade. Der alleinige Maßstab wird durch die Meinung der Dorfgesellschaft bestimmt. Durch Bernarda wird das Haus zum Gefängnis, ›bewacht‹ durch die verstohlenen Blicke der Nachbarschaft. Bernarda ist zugleich Opfer dieser verkommenen Sozialmoral, die beständig ihr Handeln diktiert und die die Lebensimpulse ihrer Töchter zerstört.

Ihre falsche Moral hängt auch mit ihrem Klassenbewusstsein zusammen; für ihre Töchter gibt es keine adäquaten Männer, die Bernardas Ansprüchen genügen: »Los hombres de aquí no son de su [Angustias'] clase« (S. 21). Auch macht sie aus ihrer tiefen Verachtung für die Armen keinen Hehl, wenn sie sagt »Los pobres son como los animales. Parece como si estuvieran hechos de otras sustancias« (S. 11).

Bernarda verkörpert ein rigides, maskulin geprägtes System sozialer und moralischer Normen. Ihr Selbstverständnis leitet sie aus einer tyrannischen Familientradition patriarchalischer Prägung ab, die sie ihren Töchtern aufzwängt und die einen längst überlebten Ehrbegriff widerspiegelt.

Ihre uneingeschränkte Autorität und ihre Willensstärke zeigen sich deutlich an verschiedenen Stellen im Schauspiel: »¡Aquí se hace lo que yo mando!« (S. 17) oder »¡Hasta que salga de esta casa con los pies adelante mandaré en lo mío y en lo vuestro!« (S. 30). Im 3. Akt sagt Bernarda: »En esta casa no hay un sí ni un no, mi vigilancia lo puede todo« (S. 67). Mit diesem Satz charakterisiert sie ihr häusliches Regime; in gleicher Weise lässt sich damit ein diktatorisches Staatswesen kennzeichnen, das sich ironischerweise in Spanien Mitte der dreißiger Jahre zu entwickeln beginnt.

Der Handlungsverlauf des recht traditionell konstruierten Stückes ist stringent, in der Anlage realistisch und erlaubt kaum Unterbrechungen. Das Werk beginnt mit dem Tod von Bernardas Gatten, es folgen die Zeit der Trauer und die parallel verlaufenden Vorbereitungen zur Hochzeit von Angustias und Pepe. Gerade diese Konstellation ist der Auslöser von Konflikten, beginnend mit dem Verstecken des Bildes vom Bräutigam bis hin zu Adelas Selbstmord, bedingt durch die Lüge ihrer Schwester Martirio.

In Nebenhandlungen setzt Lorca die Außenwelt stimmungsmäßig antipodisch zur inneren Trostlosigkeit, zum ungelebten Leben der Frauenwelt, indem er u. a. Landarbeiter unsichtbar singend am Fenster vorbeiziehen lässt. Ebenso unsichtbar bleibt bis zum tragischen Ende Pepe el Romano, der niemals als Person in Erscheinung tritt. Er ist der einzige Mann im Drama und sorgt stets für Gesprächsstoff im Hause von Bernarda.

Herrscht in der oppressiven Isolation des weißen andalusischen Hauses morbide Sterilität, bahnt sich draußen die archaische Triebhaftigkeit des Menschen ihren Weg. Der Autor deutet ein Stelldichein von Saisonarbeitern mit jungen Frauen des Dorfes im Olivenhain an (S. 43f.). Es erscheint eine barbusige Tänzerin. Die Magd Poncia berichtet von einer Frau, die ihr uneheliches Kind getötet hat (S. 57). Der Mob des Dorfes ist aufgebracht und schwört Rache. Bernarda als strenge Hüterin der Moral ruft am Ende des 2. Akts »¡Matadla! ¡Matadla!« (S. 58). Ihre Worte können entlarvender nicht sein.

Eine weitere stimmungsbildende Konstituente ist in dem Auftritt von María Josefa zu sehen. Der Autor lässt die offensichtlich schwachsinnig gewordene Mutter von Bernarda all das sagen, was sich die jungen Frauen vom Leben erträumen und was in ihrem Inneren an unterdrückter menschlicher Selbstverständlichkeit schmachtet. Lediglich mit Worten gelingt es ihr, sich von der unmenschlichen Unterdrückung zu befreien. Wie sehr Bernarda diesen Freiheitsdrang, der selbst bei der Alten noch lebendig ist, zu unterdrücken versucht, wird in der Tatsache deutlich, dass sie ihre Mutter ebenso wie ihre Töchter wie eine Gefangene im eigenen Hause hält, stets in Sorge, die Nachbarschaft könne etwas von den Begierden erfahren. Schon gleich zu Beginn des 1. Aktes erwähnt Lorca María Josefa indirekt, als er die Magd Poncia fragen lässt: »¿Está bien cerrada la vieja?« (S. 6). Die andere Magd antwortet, dass sie den Schüssel zweimal umgedreht habe, um sicherzustellen, dass die Alte nicht entweichen kann. An dieser Stelle wird deutlich, dass María Josefa unter keinen Umständen das Haus verlassen darf und sich die Freiheit nimmt zu tun und zu sagen, was ihr auf der Seele brennt. Zusätzlich wird die Tür noch mit einem Sperrriegel gesichert (La Poncia: »Pero debes poner también la tranca«, S. 6). Eindeutiger kann die symbolhafte Darstellung manischer Freiheitsunterdrückung nicht zum Ausdruck gebracht werden.

Mit María Josefas Auftritt hat Lorca seinem Publikum drei Möglichkeiten vor Augen geführt, auf den Konflikt zwischen dem persönlichen, triebhaften Freiheitsdrang und einer autoritären, repressiven Ordnung zu reagieren:

Die erste Möglichkeit besteht in der Akzeptanz der Ordnung, was zwangsläufig eine Unterwerfung unter die Macht bedeutet. Adelas Schwestern folgen diesem Muster und gehorchen ihrer despotischen Mutter.

Eine andere Konsequenz ist in dem Weg zu sehen, den Bernardas Mutter gegangen ist: Sie ist offensichtlich aufgrund des oppressiven Regimes wahnsinnig geworden; der Wahnsinn ermöglicht die Flucht in eine Scheinwelt, in der alle Freiheiten erlaubt sind.

Der dritte Weg ist der beschwerlichste, folgenreichste, aber auch ehrlichste: Es ist die Auflehnung, das Aufbegehren, die konsequente Rebellion gegen die lebensverneinende Autorität. Dieser Weg führt in den Tod, wie Adelas Selbstmord zeigt.

Die Kritiker sind sich uneins in der Beantwortung der Frage nach der Intention des Autors. Unverkennbar thematisiert Lorca in *La casa de Bernarda Alba* den Grundkonflikt zwischen dem Individuum und der Gesellschaft und die sich daraus ergebende Frustration. Das Individuum kann in diesem Bezugsrahmen aber vielgestaltig sein und eine Reihe von Interpretationsansätzen zulassen.

Ausgehend von Adela erscheint es naheliegend, dass Lorca mit diesem recht realistisch gezeichneten Werk erneut eine Lanze für die Frau brechen will, die in einer durch strenge soziale und religiöse Normen geprägten Gesellschaft, in der die öffentliche Ehre Maßstab allen Handelns ist, in ein eng geschnürtes Mieder gezwungen wird, das sie all ihrer Lebensimpulse und Natürlichkeit beraubt.

In einer von Männern dominierten traditionellen Klassengesellschaft, die auf dem Glauben beruht, dass Männer den Frauen überlegen sind, steht Bernarda sinnbildlich für die Autorität, für das Patriarchat. Mit ihrem Handeln bewegt sie sich damit ganz legal und natürlich in einem Rahmen, der die ländliche andalusische Gesellschaft seit Jahrhunderten bestimmt.

Ein anderer Deutungsansatz nimmt Bezug auf Lorcas eigenes Leben. In vielen Publikationen über Lorca wird auf dessen Homosexualität hingewiesen, zu der er sich öffentlich nicht bekennen darf, da er sich anderenfalls außerhalb der gesellschaftlichen Normen stellt. Davon ausgehend können die Frauen stellvertretend für all jene stehen, die sich außerhalb der herrschenden Sexualmoral bewegen und folglich zu Opfern von Intoleranz und Scheinmoral werden. Sie müssen ihre individuelle, unkonventionelle Natürlichkeit vorgefertigten Lebensschablonen unterordnen. Wer sich diesem Gesetz nicht unterwirft und eher auf persönliche Selbstverwirklichung pocht, wird gerichtet.

Auf ein Interview aus dem Jahre 1933 geht folgende Aussage Lorcas zurück: »An dem Tag, an dem man aufhört, gegen seine Instinkte zu kämpfen, an dem Tag hat man gelernt zu leben.« Mit diesem Zitat mag er zum einen auf seine persönlichen Lebensumstände und Erfahrungen Bezug genommen haben, zum anderen aber lässt sich damit trefflich die Situation im Hause Alba kennzeichnen. Natürliches Leben ist in diesem Definitionsrahmen unter Bernardas Regime nicht möglich!

Die Vielschichtigkeit des Themas erlaubt aber auch eine politische Interpretation. Aus privaten Aufzeichnungen geht hervor, dass der Dichter die Arbeit an *La casa de Bernarda*

Alba am 19. Juni 1936 beendet hat. Genau einen Monat später, am 17./18. Juli 1936, beginnt mit dem Putsch gegen die Republik, dem »pronunciamiento«, der spanische Bürgerkrieg, der drei Jahre lang Tod und Verwüstung über das Land bringen soll. Die Vorboten einer Rebellion können von Lorca nicht unerkannt geblieben sein. Besonders in den ländlich geprägten Regionen Spaniens, im Großbürgertum, im Militär und in der katholischen Kirche ist man unzufrieden mit den Reformen der Zweiten Republik. Zu sehr rütteln sie an den Grundfesten der Gesellschaft. Im spanischen Bürgerkrieg entladen sich die Spannungen zwischen zentralistischem und autonomistischem Staatsdenken, zwischen traditionell-katholischen und liberal-sozialistischen Auffassungen. Genau dieser Antagonismus spiegelt sich im dramatischen Aufbau von *La casa de Bernarda Alba* wider.

So wie Adela durch eine Übermacht oppressiver Autorität in den Tod getrieben wird, so dramatisch endet auch das Leben des großen Granadiners. Mit nahezu erschreckender Parallelität wird Lorca Opfer der faschistischen »Falange«. Als Republikaner, Homosexueller und Autor ›subversiver‹ Werke wird er am 19. August 1936 in Fuente Grande in der Nähe von Granada erschossen. Seine Bücher werden in Granada öffentlich verbrannt.

Michael Völpel

Inhalt

La casa de Bernarda Alba

Acto primero 5
Acto segundo 33
Acto tercero 59

Editorische Notiz 81
Literaturhinweise 82
Nachwort 85